Marcel Feige

Gewaltloser Rebell

Die Lebensgeschichte des
Mahatma Gandhi

Mahatma Gandhi auf dem Weg nach Nokhali, Bengalen, um die Unruhen zwischen Hindus und Muslimen zu schlichten, 1946.

Marcel Feige

Gewaltloser Rebell

Die Lebensgeschichte des
Mahatma Gandhi

Soweit nicht anders angegeben, sind die Dialoge in der vorliegenden
Biografie fiktional, sie beruhen aber auf historischen Ereignissen.

Dieses Buch ist auch als E-Book erhältlich:
(979-3-407-74666-5)

www.beltz.de
© 2016 Beltz & Gelberg
in der Verlagsgruppe Beltz · Weinheim Basel
Werderstraße 10, 69469 Weinheim
Alle Rechte vorbehalten
Lektorat: Dorothee Wahl
Einbandgestaltung: Rothfos & Gabler, Hamburg
Umschlagfoto: akg-images
Rechte- und Fotonachweis im Anhang
Herstellung und Typo: Sarah Veith
Druck und Bindung: Beltz Bad Langensalza GmbH,
Bad Langensalza
Printed in Germany
ISBN 978-3-407-81212-4
1 2 3 4 5 6   19 18 17 16

Inhalt

Mut, der die Angst bezwingt

Ein Nachmittag in Indien, 1881

Mohandas bleibt stehen. »Wohin gehen wir?«, fragt er.

Sein Freund Sheik dreht sich zu ihm um. »Was sagst du?«

»Ich habe gefragt, wohin wir gehen?«

»Warum flüsterst du so?«

Mohandas' Blick gleitet durch die schmale Gasse. In einer der Hütten rühren Frauen mit Holzstäben in dampfenden Kesseln. Der Geruch von Curry und Koriander mischt sich mit dem Gestank des Mülls, der sich vor den Hütten türmt, schlimmer noch als in dem Viertel, in dem Mohandas mit seinen Eltern lebt. Sein Gefühl sagt ihm, dass er umdrehen und nach Hause eilen sollte.

»Nun komm schon«, sagt Sheik. »Ich habe dir doch gesagt, ich habe eine Überraschung für dich.«

Mohandas rührt sich nicht von der Stelle.

Sein Freund seufzt. »Sei nicht immer so ängstlich.«

Er hat gut reden. Zwar ist er wie Mohandas 14 Jahre alt. Aber mindestens einen Kopf größer, kräftiger. Und mutiger.

»Sei einmal nur mutig«, sagt Sheik und läuft weiter. »Es wird dein Schaden nicht sein.«

Zwei Männer in speckigen alten Hosen treten aus einer der Hütten. Grimmig starren sie auf Mohandas herab. Schnell folgt er dem Klappern von Sheiks Sandalen. Er biegt am Ende der

Gasse nach links, wenige Schritte später in eine noch schmalere Straße nach rechts. Er springt über ein dünnes, stinkendes Rinnsal, das aus einem Mauerloch in einer der Hütten herausfließt. Der faulige Geruch von Müll verblasst vor dem beißenden Gestank von Exkrementen. Irgendwo schreit ein Baby.

Mohandas hat Mühe, mit seinem Freund Schritt zu halten. Kurz darauf bleibt Sheik vor einem Hauseingang stehen. Auf sein Klopfen hin öffnet ein Mann, dessen dicker Körper in einem schmutzigen Kaftan steckt. Sein Mund verzieht sich zu einem zahnlosen Grinsen, als er die beiden Jungen sieht. Er winkt sie herein.

Mohandas zögert. Sein Herz klopft. *Sei nicht immer so ängstlich.* Er gibt sich einen Ruck und folgt seinem Freund in einen schwach beleuchteten Flur. Es stinkt nach Schweiß und Urin. Aber da ist noch ein anderer Geruch, der aus den Räumen dringt, deren Eingänge mit Baumwolltüchern verhängt sind. Hinter einigen erklingen Stimmen. Und ein Stöhnen. Das Herz schlägt Mohandas bis zum Hals.

Der Mann zieht einen der Vorhänge beiseite. Sheik drückt ihm ein paar Rupien in die Hand. Dann dreht er sich zu Mohandas um.

»Es ist für alles gesorgt«, flüstert Sheik und betritt den Raum.

Mohandas will ihm folgen, doch der Vorhang geht wieder zu.

»Dort«, sagt der Mann und weist auf einen Raum einige Schritte weiter.

Mohandas' Kehle schnürt sich zu. *Sei ein Mal nur mutig.* Langsam betritt er den Raum. Durch ein kleines Fenster fällt die Abendsonne auf einen wackeligen Tisch. Der Wasserkrug darauf ist leer. In einer Schale liegt ein Stück Seife. Auf dem Bett sitzt eine Frau. Sie trägt einen durchsichtigen Schleier, den sie von ihren Schultern gleiten lässt. Mohandas hält den Atem an.

Die Frau lächelt. »Komm zu mir«, sagt sie mit sanfter Stimme. Das lange Haar fällt ihr auf die schmalen Schultern. Ihre zarte Haut schimmert verlockend.

Mohandas setzt sich neben sie auf die Matratze.

»Wie heißt du?«, fragt sie.

Der süße Duft ihrer Haut steigt ihm in die Nase. Er kriegt kein Wort über die Lippen.

»Gefalle ich dir nicht?«, fragt die Frau. Sie klingt jetzt ungeduldig.

Mohandas schaut sie an. Er kann keinen klaren Gedanken mehr fassen. Er möchte sie berühren. *Es wird dein Schaden nicht sein.* Aber was soll er zu Hause seinen Eltern erzählen, wo er gewesen ist? Oder Kasturbai, seiner Ehefrau, wenn sie ihn fragt? Er könnte lügen. Nichts leichter als das. Und niemand wird es je erfahren. Er schnappt nach Luft. Nein, er kann nicht lügen. Er will nicht lügen. Niemals! Er schüttelt den Kopf.

»Was wagst du dich?«, schimpft die Frau. »Du elendiger Nichtsnutz.«

Bevor ihre Ohrfeige ihn trifft, rennt er schon aus dem Raum. Er stürmt an dem dicken Mann vorbei auf die Straße. Im Staub stolpert er über seine Füße. Um ein Haar verliert er das Gleichgewicht. Nur mit Glück hält er sich auf den Beinen. Er hastet weiter.

※

Kaum vorstellbar, dass dieser kleine, schüchterne Junge, dem an jenem Nachmittag der bloße Anblick einer hübschen Frau die Sprache verschlägt, schon bald zu einem indischen Nationalhelden werden wird.

Mutig wird Mohandas Karamchand Gandhi das Wort gegen Politiker in aller Welt erheben. Er wird unerschrocken vor

Frauen und Männern auftreten und riesige Menschenmengen mit seinen Reden, noch mehr aber mit seinen Taten gegen Armut und Unrecht so sehr begeistern, dass sie ihm bedingungslos Gefolgschaft schwören – bis ins Gefängnis und oft sogar bis in den Tod.

Was macht zu seinen Lebzeiten die Faszination »Mahatma« Gandhis aus, wie die Inder ihn nennen – die »Große Seele« Gandhi? Und warum verehrt ihn noch heute ein Großteil der indischen Bevölkerung als Heiligen?

In den heutigen Regierungsgebäuden der indischen Großstädte ist der Anblick von Gandhi-Porträts allgegenwärtig. Und immer wieder werden junge Politiker, die die Korruption und Ungerechtigkeit etablierter Kreise anprangern und ihnen den Kampf ansagen, von vielen Indern mit dem Namen »Gandhi« bejubelt.[1]

Natürlich war auch Gandhi als Mensch nicht ohne Makel. Aber in seinem Kampf gegen das Elend seiner Landsleute war er erfüllt von großem Glauben und noch größerer Kraft, die aller Kritik zum Trotz auch heute noch zum Vorbild taugt.

Kapitel 1

Wahrheit, Sex und das erste Gelübde

Kindheit und Jugend in Indien, 1869–1888

Mohandas Karamchand Gandhi wurde am 2. Oktober 1869 in der Küstenstadt Porbandar im Distrikt Gujarat im Nordwesten Indiens geboren.

In dem Haus, das er mit seinen drei älteren Geschwistern, seiner Mutter und seinem Vater, dessen fünf Brüdern sowie deren Familien bewohnte, war immer viel Trubel. Oft waren auch viele Gäste zu Besuch, die sein Vater Karamchand »Kaba« Gandhi regelmäßig empfing, um mit ihnen zu plaudern und Geschäfte zu tätigen. Zudem war seine Kindheit sehr von seiner Mutter Putlibai geprägt, einer strenggläubigen Hinduistin, die die vegetarischen Mahlzeiten, die sie für die Familie herrichtete, nicht ohne ein Gebet einnahm. Täglich besuchte sie den Tempel, tat Buße und übte sich immer wieder in Askese. Besonders wichtig war ihr jedes Jahr das Chaturmas, das zeitweise Fasten während der viermonatigen Regenzeit. Manchmal kam sie zwei oder drei Tage lang ohne Essen aus. Eines Tages jedoch teilte sie ihrer Familie mit, dass sie nur noch essen würde, wenn die Sonne schiene.

Mohandas bekam einen Schreck, denn er wusste: Während der Regenmonate sah man die Sonne nicht nur zwei, drei Tage, sondern häufig viele Wochen nicht. Jeden Morgen eilte er aus dem Haus und betrachtete die dichten Wolkenfelder, die sich nicht auflösten. Seine Sorge wuchs mit jedem neuen Tag, an dem wieder nur Regen auf die Häuserdächer klatschte.

Bis sich eines Mittags der Himmel lichtete.

»Mutter!« Erfreut rannte Mohandas ins Haus. »Mutter, die Sonne, die Sonne …« Seine Stimme überschlug sich vor Aufregung.

Seine Mutter sah ihn fragend an.

»Die Sonne«, wiederholte er außer Atem, »sie scheint. Endlich darfst du essen.«

Seine Mutter ging nach draußen. Inzwischen hatten sich die Wolken wieder vor die Sonne geschoben.

»Vor wenigen Sekunden war sie zu sehen«, sagte Mohandas.

Achselzuckend kehrte seine Mutter zurück ins Haus.

»Ehrlich!«, versicherte er.

Sie lächelte.

»Also wirst du noch immer nichts essen?«, fragte er besorgt.

Seine Mutter schüttelte den Kopf.

Mohandas bekam es mit der Angst zu tun. »Aber …«

»Ach, mein Junge«, unterbrach sie ihn und streichelte ihm durchs Haar, »hab keine Angst, Gott hat entschieden, dass ich heute noch nicht essen darf.«

Diese Begebenheit zeigt die Selbstdisziplin, mit der Mohandas' Mutter ihren Glauben und ihre Rechtschaffenheit pflegte. Zum anderen spiegelt sie Mohandas' Sorge um seine Eltern, die er liebte, weil er nur bei ihnen Geborgenheit fand.

Er war ein kleiner, dürrer Junge, ängstlich noch dazu. Nachts ging er nicht vor die Tür, weil er sich vor der Dunkelheit, vor Dieben, Schlangen und Gespenstern fürchtete. Wenn er im Bett lag, musste immer eine Kerze brennen. In der Grundschule und der Vorstadtschule fürchtete er zu versagen und konnte nur mit Mühe die Rechentafel bedienen. Auch in Geometrie blieb er schwach. Seine englischen Sprachkenntnisse waren mäßig und das Lesen fiel ihm schwer. Trotzdem waren die Bücher seine einzigen Freunde, denn unter seinen Mitschülern blieb er ein Außenseiter. Kaum war die Schule aus, rannte er nach Hause, weil er so schüchtern war und sich mit niemandem zu reden traute. Er hatte Angst, dass die anderen Kinder sich über ihn lustig machten.

Es wundert also nicht, dass er Geborgenheit bei seiner Familie suchte und dass Mutter, Vater und ihr hinduistischer Glaube ihn deshalb mehr prägten als Lehrer und Schulkameraden.

※

1875, als Mohandas sechs Jahre alt war, zählte Indien über 300 Millionen Einwohner. 80 Prozent davon waren Hindus. Der Hinduismus unterteilt seine Gläubigen und damit einen Großteil der indischen Bevölkerung in gesellschaftliche Schichten, in sogenannten Kasten. Obwohl im Ursprung religiöser Natur, bestimmt das Kastenwesen über alle Lebensbereiche der Menschen, so auch über den Beruf und den Ehepartner. Sogar gemeinsame Mahlzeiten sind zwischen den Angehörigen unterschiedlicher Kasten verpönt.

Es existieren vier Hauptkasten: die der Brahmanen (Priester, Richter), der Kshatriyas (Soldaten, Premierminister, Fürsten), der Vaishyas (Handwerker, Kaufleute, Farmer) und der Shudras (Bedienstete, Diener oder Tagelöhner). Außerdem gibt es die Paria, die kastenlosen Menschen, die sich selbst Dalits, Vertriebene, nennen.

Nach dem hinduistischen Glauben verfügen die Kastenlosen nicht über das Recht, einer der Kasten anzugehören, da sie aufgrund ihres Karmas (das sich aus den guten und schlechten Taten ihres vorherigen Lebens zusammensetzt) in keine der

Kasten geboren wurden. Sie verrichten unreine Arbeiten, die ein Angehöriger einer Kaste niemals ausüben würde. Dazu gehören zum Beispiel auch Arbeiten mit Blut, die beispielsweise Hebammen, Schlachter oder Straßenfeger verrichten. Weil Kastenlose deshalb gesellschaftlich gemieden werden, nennt man sie auch Unberührbare. Wer sie berührt, so der Glaube, fängt sich Krankheiten oder anderes Unglück ein.[2]

Die Gandhis zählten seit Generationen zur Vaishya-Kaste und dort zur Unterkaste Modh Bania, der Kaufleute. Das Kasten-System zwang sie in ein enges gesellschaftliches Korsett, aus dem ein Entkommen unmöglich schien. Doch lehrte es sie zugleich eine Vielzahl wichtiger Tugenden, mit denen auch Mohandas und seine Geschwister aufwuchsen.

Ihre Mutter Putlibai beispielsweise praktizierte den Vishnuismus, eine besondere Richtung des Hinduismus, der ihr eine strenge Frömmigkeit abverlangte. Doch so diszipliniert sie ihren Glauben pflegte, so tolerant stand sie Anhängern anderer Glaubensrichtungen gegenüber. Immer wieder waren im Haus der Gandhis sowohl Muslime, Parsen, Bengalen als auch Jainas gern gesehene Gäste für anregende Gespräche über Gott und die Welt.

Mohandas' Vater Kaba hatte keine Schulbildung. Er zeigte auch kein Interesse, daran etwas zu ändern. Wichtiger als ein Wissen über Geschichte oder Geografie waren ihm, als Premierminister des kleinen Fürstenstaates Porbandar, Anstand und Fleiß. Dank seiner Unbestechlichkeit und Unparteilichkeit stieg er schließlich sogar zum Richter am Fürstengericht in Rajkot, einer Stadt auf der Halbinsel Kathiawar im Nordwesten Indiens, auf. Die Stadt wurde ihr neues Zuhause.

Als eines Tages ein Mann, der einen höheren Rang als Mohandas' Vater bekleidete, den Fürsten von Rajkot beleidigte, widersprach Kaba ihm mit aller Deutlichkeit. Allen angedrohten Repressalien zum Trotz wollte er sich nicht für seine Worte entschuldigen, waren sie doch seiner Meinung nach nichts anderes als die reine Wahrheit. Sein unerschrockenes Gerechtigkeitsempfinden brachte ihn ins Gefängnis, aus dem er jedoch nach einigen Stunden entlassen wurde.

✳

Mohandas war ein ängstlicher Eigenbrötler. Trotzdem – oder vielleicht gerade deshalb – eiferte er schon als kleiner Junge dem guten Beispiel seiner Eltern nach. Als eines Tages der Erziehungsinspektor die Oberschule in Rajkot besuchte, wollte er mit einer Buchstabierprüfung das Wissen der 50 Jungen in Mohandas' Klasse testen. »Kessel« war eines der Wörter, das er diktierte. Einige der Schüler schauten verstohlen auf das Geschriebene ihrer Sitznachbarn. Hastig verwischten sie die Kreide auf ihrer eigenen Schiefertafel, dann schrieben sie das Wort noch einmal neu, diesmal richtig. Nur Mohandas schrieb es falsch.

Mit einer knappen Geste wies ihn der um seinen guten Ruf besorgte Lehrer auf die Schiefertafel seines Sitznachbarn hin. Als Mohandas nicht reagierte, trat der Lehrer ihn mit der Stiefelspitze. Aber Mohandas ignorierte seinen Lehrer, mit dem Ergebnis, dass alle Kinder die Buchstabierprüfung bestanden – nur er nicht.

Als der Erziehungsinspektor die Klasse verlassen hatte, schimpfte der Lehrer: »Mohandas, das war dumm von dir!«

Mohandas ließ den Kopf hängen.

»Warum hast du das Wort falsch geschrieben?«

»Ich …«, Mohandas' Stimme war nur ein Flüstern, »… ich wusste doch nicht, wie es geschrieben wird.«

»Du hättest es nur abschreiben müssen.«

»Das darf ich nicht.«

»Ich habe es dir erlaubt.«

»Aber Sie haben gesagt, Abschreiben ist…«, Mohandas' Stimme wurde noch leiser, »… wie eine Lüge.«

»Heute war das anders.«

»Es wäre eine Lüge geblieben.«

»Nein, nein, das wäre es nicht, verstehst du das denn nicht?« Mohandas zögerte. Eigentlich war ihm nur eines klar: Er wollte auf keinen Fall lügen.

Dies hielt ihn an anderen Tagen jedoch nicht von bösen Streichen ab, die er mit seinen Mitschülern anderen Kindern oder den Lehrern spielte. Wurden sie dabei allerdings erwischt, war es Mohandas, der sie verpetzte. Dieses Verhalten machte ihn bei den anderen Jungen nicht beliebt, aber ein reines Gewissen war ihm wichtiger als Freundschaft.

Eines Nachmittags sollte um sechzehn Uhr das Turnen in der Schule beginnen. Weil er zu Hause seinem Vater half, vergaß Mohandas die Zeit. Als er endlich in der Schule ankam, waren seine Mitschüler schon wieder gegangen.

Am nächsten Morgen wollte der Schuldirektor wissen, warum er nicht zum Sport erschienen war.

»Ich war da«, sagte Mohandas wahrheitsgemäß, »aber zu spät.«

Der Direktor sah ihn zweifelnd an. »Zu spät?«

»Ich besitze doch keine Uhr, und weil der Himmel den ganzen Tag über bewölkt war, war ich mir nicht sicher, ob es noch Mittag oder schon Nachmittag ist.«

»Was für eine lausige Lüge«, schimpfte der Direktor und erteilte ihm eine Geldstrafe.

Mohandas war schockiert. Obwohl er die Wahrheit gesagt hatte, glaubte ihm der Direktor nicht. Wie konnte er ihm seine

Indien

Unschuld beweisen? Mohandas hatte keine Ahnung. Verzweifelt brach er in Tränen aus. Seine Verzweiflung wurde noch größer, als er sich zu einer Lüge gezwungen sah.

❋

In Rajkot hatte sich Mohandas mit Sheik Mehtab angefreundet. Der junge Muslim sagte:»Soll ich dir ein Geheimnis verraten?« Mohandas sah ihn neugierig an.
»Aber du darfst es niemandem weitersagen.«
»Um was geht es denn?«
»Versprich es!«
Mohandas zögerte. Was um alles in der Welt hatte sich Sheik nun schon wieder einfallen lassen? Für einen kurzen Moment wollte sich Mohandas einfach umdrehen und gehen. Dann überwog seine Neugier.»Versprochen!«
Sheik dämpfte seine Stimme, als wollte er tatsächlich ein wichtiges Geheimnis enthüllen.»Wusstest du, dass einige unserer Lehrer Fleisch essen? Auch andere bekannte Leute aus der Stadt tun das. Sogar einige unserer Mitschüler.«
»Warum essen sie Fleisch?«, fragte Mohandas erstaunt.
Sheik sah ihn an, als hätte er es mit einem kleinen, begriffsstutzigen Kind zu tun. Mohandas schwieg verlegen. Was hätte er auch antworten sollen? Er war in einer Familie vegetarischer Hindus aufgewachsen. Fleischgenuss lag ihm so fern wie die Politik.

❋

Seit vielen Jahrhunderten waren die Inder nicht mehr Herr im eigenen Land. Schon Ende des 10. Jahrhunderts hatten islamische Turkvölker begonnen, den indischen Kontinent zu erobern. Sie hatten dessen verschiedene Bevölkerungsgruppen militärisch, politisch und wirtschaftlich unter Kontrolle gehalten. Anfang des 16. Jahrhunderts kamen die aus Zentralasien stammenden Mogulherrscher nach Nordindien und beherrschten bald weite Teile Indiens. Die ersten europäischen Handelsniederlassungen wie die Britische Ostindiengesellschaft setzten sich seit dem 17. Jahrhundert in Indien fest und beuteten langsam, aber stetig das Land aus. Wertvolle Güter wie Salz, Baumwolle, Tee, Tabak, Zuckerrohr, Kaschunüsse sowie Gewürze wie Chili, Pfeffer, Ingwer, Koriander, Kurkuma und Zimt verschiffte man nach Europa.

Mit dem Machtverlust der Mogule durch das Eindringen der Europäer brachen frühere Streitigkeiten zwischen Hindus, Sikhs, Bengalen, Parsen, Jainas, Buddhisten und den Muslimen wieder aus. Vor allem die Briten hatten sich die Auseinandersetzungen zunutze gemacht, indem sie die verfeindeten Gruppen mit wechselnden Bündnissen gegeneinander ausgespielt hatten. Eroberungsfeldzüge hatten den Rest erledigt. Seitdem unterstand der Kontinent der direkten Kontrolle Großbritanniens. Der britische Vizekönig hatte die Regierung Indiens übernommen und viele Ressourcen unter britisches Monopol gestellt. Salz zum Beispiel, eines der wichtigsten und wertvollsten Rohstoffe, durfte seitdem von keinem Inder mehr hergestellt oder verkauft werden.

Im 19. Jahrhundert wurden Inder zwar in der britischen Kolonialverwaltung beschäftigt. Sie eigneten sich auch Sprache und Verhaltensweisen der Kolonialherren an. Doch nur wenige von ihnen konnten sich die Schiffsreise nach London leisten, um dort die vorgeschriebenen Prüfungen für die höhere Laufbahn abzulegen.

Außerdem verboten ihnen die strengen Kasten-Regeln eine Reise ins Ausland. Was den Briten sehr recht war, da sie alle wichtigen Schlüsselpositionen mit Landsleuten besetzen konnten. Nur die Regionen ohne wertvolle Güter überließen sie der Verantwortung der Inder. Dort herrschten lokale Fürsten, sogenannte Maharajas, über meist kleine, unbedeutende Stadtstaaten. Davon gab es über ganz Indien verteilt mehr als 500, manche mit 70000, andere mit nur 30000 Einwohnern. Innerhalb eines Fürstentums mochte der jeweilige Maharaja zwar eine einflussreiche Person darstellen. Für die britischen Kolonialherren dagegen war er – wie alle anderen Inder – nur ein Mensch zweiter Klasse.

Sheik versuchte Mohandas zu erklären, warum das so war: »Die Engländer essen jeden Tag Fleisch. Das ist der Grund, weshalb sie stark sind und mit uns machen können, was sie wollen. Denn wir Inder essen kein Fleisch und deswegen sind wir schwach, verstehst du?«

Politisch verspürte Mohandas noch keinerlei Ambitionen. Trotzdem weckten die Worte seines Freundes sein Interesse, auch wenn er sie noch nicht ganz begriff.

Sheik schien um seine Zweifel zu wissen. »Sieh mich an«, er blähte sich auf, »ich bin groß, stark und nur selten krank.«

Es stimmte, was Sheik sagte. Er war einen Kopf größer als Mohandas, immer gesund – und beim Sport lief er jedem in Windeseile davon.

»Und das ist so, weil du Fleisch isst?«, fragte Mohandas ungläubig.

Wieder lachte sein Freund. »Natürlich, das versuche ich dir die ganze Zeit zu erklären. Deshalb solltest auch du Fleisch essen, damit du groß und stark wirst.«

Die nächsten Tage konnte Mohandas an nichts anderes mehr denken. Sollte er tatsächlich Fleisch essen? Er traf eine Entscheidung, als er erfuhr, dass auch sein ältester Bruder Laxmidas und dessen Freund Fleisch verzehrten. Beide waren zweifellos größer, stärker, mutiger und durchsetzungsfähiger. Alles das, was Mohandas auch sein wollte.

Fraglich, was ihm schwerer im Magen lag: War es das Ziegenfleisch, das er gemeinsam mit Sheik verspeiste – das zäh wie Leder schmeckte und das er deshalb hinunterwürgen musste –, oder war es das schlechte Gewissen, das ihn plagte, weil er seine Mutter und seinen Vater zum ersten Mal in seinem Leben belügen musste? Er redete sich ein, dass es keine Lüge war, wenn er das Fleischessen einfach als sein Geheimnis bewahrte. Außerdem diente es einem wichtigen Zweck – seinem Groß- und Starkwerden nämlich.

Fast ein Jahr lang traf er sich mit Sheik zum regelmäßigen Schlemmen in Restaurants. Er fand sogar Geschmack an den servierten Speisen. Immer weniger Freude bereiteten ihm die Ausreden, die er sich nach diesen heimlichen Mahlzeiten zu Hause einfallen lassen musste. Seine Mutter erwartete ihn zum Abendessen, obwohl er längst satt war. Er erklärte ihr, dass ihm übel war, dass etwas mit seiner Verdauung nicht stimmte oder dass ihm der Appetit fehlte.

Bis er seinen Lügen nicht mehr gewachsen war. Also schwor er dem Fleischgenuss wieder ab. Seinen Eltern verriet er mit keinem Wort, wozu er sich hatte hinreißen lassen. Eine richtige Entscheidung. Wer weiß, was es für die Hochzeit bedeutet hätte, die sein Vater für ihn plante.

✳

Es ist eine Tradition unter Hindus, dass die Eltern für ihre Töchter und Söhne, noch während diese im Kindesalter sind, den künftigen Ehepartner aussuchen. Ein Widerspruch ist nicht erlaubt, das verbietet die Tradition.

Mohandas wurde im Alter von sieben Jahren erstmals mit einem jungen Mädchen verlobt, ohne dass er davon überhaupt erfuhr. Weil das Mädchen starb, gaben seine Eltern bald darauf die Verlobung mit einem anderen Mädchen bekannt. Doch auch sie überlebte eine Krankheit nicht, sodass Mohandas erst im Alter von 13 Jahren die ebenso junge Kasturbai zur Ehefrau nehmen musste. Sie war die hübsche Tochter eines befreundeten Kaufmanns aus Porbandar.

Hochzeiten unter Hindus waren und sind zeitaufwendige und kostspielige Angelegenheiten. Die Eltern der Braut und des Bräutigams versuchten sich gegenseitig mit Kleidern, Schmuck und Festessen zu übertreffen. Deshalb fand Mohandas' Eheschließung aus Kostengründen am gleichen Tag wie die seines zweitältesten Bruders und ihres gemeinsamen Vetters statt.

Die Kinder selbst hatten keinerlei Vorstellung davon, was die Ehe für sie bedeutete. Eigentlich war es, so glaubte Mohandas, nur ein feierlicher Tag, an dem man in festlicher Kleidung zu Musik durch die Straßen zog, leckere Speisen aß und mit einem fremden Mädchen spielen durfte. Darüber hinaus bedeutete die Hochzeit aber auch eine Rückkehr nach Porbandar. Im Heimatort der Braut sollten die Festlichkeiten stattfinden.

Da Mohandas' Vater ein gewissenhafter Mann war, wollte er seine Pflichten am Fürstengericht in Rajkot bis zur letzten Minute erledigen. Die fünftägige Reise nach Porbandar versuchte er in nur drei Tagen zu bewältigen. In der Eile verunglückte er mit dem Wagen. Rechtzeitig, aber mit schweren Verletzungen, erreichte er die Hochzeitsfeier. Dennoch wurde es ein ausgelassener, glücklicher Tag für die Familie.

Noch am selben Abend begann Mohandas zu begreifen, was die Ehe bedeutete. Anfangs war er ebenso schüchtern und zurückhaltend wie seine frisch angetraute Ehefrau, dann aber vol-

Gandhi (rechts) mit seinem ältesten Bruder Laxmidas, 1886.

ler Entschlossenheit: »Aber sehr bald schon beanspruchte ich die Rechte eines Ehemannes.«[3]

Ausgerechnet dieses Geständnis sorgt heute bei Kritikern für Missfallen. Für die deutsche Journalistin Angelika Franz taugt Gandhi nicht als moralisches und geistiges Vorbild, da er in seiner Jugend nur Sex im Sinn gehabt habe.

Zwar half er seiner Mutter jeden Abend bei der Pflege seines Vaters, der immer noch an den Unfallfolgen litt. Weil die Ärzte kein Heilmittel gegen seine inneren Verletzungen wussten und es ihm immer schlechter ging, fasste Mohandas sogar den Beschluss, Medizin zu studieren, um später einmal ein besserer Arzt zu werden.

Trotzdem dachte er ständig nur an Kasturbai und daran, was er mit ihr im Schlafzimmer erlebte. Sogar morgens in der Schule kreisten seine Gedanken meistens um Sex mit seiner Frau.

Ergeht es ihr auch so?, fragte er sich manchmal. Dabei kam ihm ein anderer Gedanke. Wenn Kasturbai der Sex ebenso gut gefiel wie ihm – wer behauptete, dass sie darauf verzichtete? Vielleicht vergnügte sie sich mit anderen Männern, während er tagsüber in der Schule saß und lernen musste? Es gab keinen Grund für seine Eifersucht. Doch tief in seinem Innern war Mohandas noch immer der kleine, ängstliche Junge mit geringem Selbstbewusstsein. Jetzt war er außerdem blind vor Lust.

Fortan ließ er seine Frau nicht mehr ohne Erlaubnis aus dem Haus. Weil Kasturbai sich allerdings nichts von ihm verbieten lassen wollte, kam es ständig zu Streitigkeiten zwischen den beiden. Immer wieder sprachen sie tagelang kein Wort miteinander. Mit jedem Monat, der auf diese Weise verging, wurden Mohandas' Leistungen in der Oberschule schlechter.

Dass sich ihr Zusammenleben normalisierte, verdankten sie einem weiteren hinduistischen Brauch. Diesem zufolge durfte ein junges Paar pro Jahr nur eine bestimmte Zeit gemeinsam im Haus der Familie des Mannes verbringen. Während der übrigen Monate musste die Ehefrau sich in ihrem Elternhaus aufhalten. In dieser Zeit, in der er Kasturbai in der sicheren Obhut ihrer Familie in Porbandar wusste, konnte sich Mohandas auf die Schule konzentrieren. Seine Noten wurden besser.

Sobald ihn seine Ehefrau jedoch wieder in Rajkot besuchte, forderte er sofort sein Recht als Gatte ein – auch wenn darunter die Pflege seines Vaters litt, dessen Entzündung sich verschlimmert hatte. Als Mohandas' Onkel eines Abends anbot, die Pflege des Schwerkranken zu übernehmen, eilte Mohandas erfreut ins Schlafzimmer. Kasturbai war bereits eingeschlafen. Obwohl sie mittlerweile schwanger von ihm war, weckte er sie und verlangte Sex.

Nach nicht einmal fünf Minuten wurden sie durch ein Klopfen an der Tür unterbrochen. Der Zustand seines Vaters hatte sich verschlechtert. Hastig kleidete sich Mohandas an. Als er vor dem Krankenbett stand, war der Vater bereits gestorben. Mohandas brach in Tränen aus. Wäre er nicht so gierig auf Sex gewesen und bei seinem Vater geblieben, hätte er ihn in der Minute seines Todes in den Armen halten können. Wochenlang quälte ihn ein schlechtes Gewissen.

Sosehr man seine Sexgier, seine Eifersucht und auch die Strenge gegenüber Kasturbai kritisieren kann, so sehr beweisen seine jugendlichen Verfehlungen doch nur, dass Mohandas ein Teenager gewesen war wie jeder andere und dass kein Mensch als Heiliger geboren wird.

＊

Mohandas wollte Medizin studieren. Unglücklicherweise war Arbeit mit Blut nur den Unberührbaren erlaubt. Außerdem war es der erklärte Wunsch seines verstorbenen Vaters gewesen, dass Mohandas in seine erfolgreichen beruflichen Fußstapfen trat. Mohandas sollte Rechtsanwalt werden. 1887 unterzog er sich der Abschlussprüfung im nahen Ahmedabad. Im Anschluss setzte er sein Studium am Samaldas College im ca. 175 Kilometer entfernten Bhavnagar fort.

Erneut fiel ihm das Lernen schwer, fern seiner Familie und seiner Ehefrau, die ihm jüngst den Sohn Harilal geboren hatte. Er fand keine Freunde in Bhavnagar, fühlte sich einsam, blieb schüchtern, ängstlich und erfolglos. Ernüchtert kehrte er am Ende des ersten Semesters nach Rajkot zurück und klagte seiner Familie sein Leid.

Ein Freund seines Vaters verlor die Geduld. Er fragte: »Wieso gehst du nicht nach England?«

»Nach England?«, wiederholte Mohandas verwundert.

»Ein Jurastudium ist dort ganz einfach.«

»Aber ...«

»Aber ja«, unterbrach der Freund, »erinnerst du dich nicht an den Rechtsanwalt, der kürzlich erst aus England heimkehrte? Schau ihn dir an, wie erfolgreich er ist. Wie gut es ihm geht. Jeder respektiert ihn, er bräuchte nur ein Wort zu sagen, und schon würde man ihn zum Maharaja ernennen.«

Mohandas nickte. Er wusste, von welchem Anwalt die Rede war. Aber er fühlte sich von dem Vorschlag überrumpelt. Außerdem kam ihm ein anderer Gedanke. »Was, wenn ich nach England reise, um Medizin zu studieren? Das würde mir besser gefallen.«

»Auf keinen Fall!«, warf Laxmidas, sein ältester Bruder, ein. »Die Kasten-Regeln verbieten die Arbeit mit Blut. Außerdem hat Vater vor seinem Tod entschieden, dass du Anwalt werden sollst.«

Mohandas schwieg enttäuscht.

»Aber trotzdem ist die Idee, in England zu studieren, hervorragend«, fügte Laxmidas hinzu. »Du solltest dorthin reisen.«

»Die Schiffsreise wird kosten«, gab Mohandas zu bedenken, »das kann ich mir nicht leisten.«

»Um das Geld mach dir keinen Kopf, ich besorge es.«

Mohandas wollte protestieren. Noch war gar nicht sicher, ob er überhaupt reisen wollte.

»Natürlich wirst du reisen!«, beschloss Laxmidas. »Halte dir vor Augen, welchen Erfolg du als Anwalt haben wirst, wenn du in England studierst.«

Mohandas dachte darüber nach. Vielleicht lag sein Bruder ja gar nicht falsch. Wenn ein Studium in England tatsächlich so leicht war, wie der Freund ihres Vaters behauptete, dann würde

Mohandas als Anwalt Karriere machen können. Ganz so, wie es sich sein Vater gewünscht hatte. Er wäre stolz auf seinen Sohn gewesen.

»Also gut«, erklärte Mohandas, »ich werde nach England reisen.«

»Das wirst du nicht!«, sagte plötzlich sein Onkel, der den Raum betreten hatte. Alle Blicke richteten sich auf ihn. »Ich kenne viele indische Anwälte, die in England studiert haben. Sie unterscheiden sich keinen Deut von den Europäern: Sie essen Fleisch, trinken Wein, rauchen wie die Schlote, schauen den Frauen hinterher. Sie machen ihrer Religion Schande.«

»Oh nein«, Mohandas' Mutter schnappte nach Luft, »dann kommt eine Reise nach England für Mohandas nicht infrage.«

»Du solltest ihm vertrauen«, sagte Laxmidas.

Mohandas nickte. »Ich schwöre, ich werde kein Fleisch essen, keinen Wein trinken, niemals rauchen.«

Schwer atmend stand seine Mutter auf, verließ das Haus und besuchte einen Jain-Mönch, den sie um Rat bat. Dieser erklärte sich mit einer Reise nach England einverstanden, vorausgesetzt, ihr Sohn würde tatsächlich ein feierliches Gelübde ablegen. Also versprach Mohandas hoch und heilig, in England allen sündigen Verlockungen zu widerstehen. Dann willigte seine Mutter in die Reise ein.

Ein Sturm über dem Indischen Ozean verhinderte seine Abreise. Während er im Hafen von Bombay warten musste, erfuhr der Kastenrat der Modh Bania von seinem Plan. Keiner von ihnen hatte bisher den Westen bereist. Alle hatten nur Schlimmes darüber gehört. Eine Kasten-Versammlung wurde einberufen, vor der auch Mohandas Rede und Antwort stehen musste.

✳

Der Seth, das Oberhaupt der Kasten-Gemeinschaft, war ein großer, stämmiger Mann mit einem dichten Vollbart. Er saß hinter einem Tisch und sah grimmig auf Mohandas herab. »Du möchtest nach England fahren?«

»Das habe ich vor.«

»Wir werden dir die Reise nicht erlauben«, sagte der Seth und tauschte einen Blick mit den anderen Versammlungsteilnehmern. Mit einem Kopfnicken pflichteten sie ihm bei. »Du weißt, dass unsere Religion dir diese Reise verbietet, besonders nach England. Die Briten leben zügellos und ohne Scham.«

»Was habe ich damit zu tun?«, fragte Mohandas und holte Luft. Er hatte sich seine Worte sorgsam zurechtgelegt. Trotzdem zitterte seine Stimme. »Ich will in England nur studieren, nichts weiter.«

Der Seth presste die Lippen aufeinander. Mohandas fügte hinzu: »Außerdem habe ich hoch und heilig geschworen: Ich werde in England keinen Alkohol trinken, kein Fleisch essen, keine Frauen anrühren.«

»Die Verlockungen in England sind so groß, dass du dein Gelübde vergessen wirst. Und deshalb verbieten wir dir, dorthin zu reisen.«

»Bei allem Respekt«, sagte Mohandas, »ich werde reisen!«

Der Seth sah ihn entgeistert an. »Du wagst es, dich über den Befehl deiner Kaste hinwegzusetzen?«

»Sie wagen es, sich in mein Leben einzumischen?« Die Worte kamen über Mohandas' Lippen, noch ehe er darüber hatte nachdenken können.

Wütend sprang der Seth hinter dem Tisch hervor. »Du hast es nicht anders gewollt: Ab sofort bist du aus der Kaste ausgestoßen. Und ich warne jeden, der dir bei deinen Reiseplänen helfen will: Er wird mit einer Geldbuße bestraft.«

1869–1888

Von einer Sekunde auf die andere war Mohandas nicht mehr Teil der Gesellschaft. Er war ein Kastenloser. Überraschenderweise brachte ihn die Verbannung nicht aus der Fassung. Stattdessen war er entschlossener denn je, sein Studium in England erneut zu beginnen. Seine einzige Sorge galt seinem Bruder Laxmidas und den Freunden der Familie. Diese missachteten den Kasten-Befehl, indem sie ihn mit Empfehlungsschreiben ausstatteten, mit Geld für das Schiffsticket, mit Süßspeisen und Früchten als Reiseproviant sowie mit westlicher Kleidung, zum Beispiel einem vornehmen Anzug aus weißem Flanell, der von den Engländern in Indien bevorzugt getragen wurde.

Als er Laxmidas und den Freunden seine Befürchtungen gestand, beruhigten sie ihn. Ausdrücklich bestanden sie auf seinem Studium in England.

Halte dir vor Augen, welchen Erfolg du als Anwalt haben wirst, wenn du in England studierst.

Voller Entschlossenheit betrat Mohandas am 4. September 1888, einen Monat vor seinem 19. Geburtstag, das Schiff nach Southampton.

Kapitel 2

Die Bhagavadgita, die zur Enthaltsamkeit führt

Studium in London, 1888–1891

Kaum hatte das Schiff den Hafen von Bombay verlassen, wünschte sich Mohandas wieder nach Hause. Weil seine Englischkenntnisse immer noch schlecht waren, verstand er kein Wort von den Gesprächen der mitreisenden Briten. Den Großteil der Überfahrt verbrachte er zurückgezogen in seiner Kabine, wo er jeden Tag seinen kargen Reiseproviant verzehrte. Er ging während der Überfahrt nicht ein einziges Mal ins Bordrestaurant, denn dort konnte er weder die Speisekarte lesen, noch traute er sich, die Kellner um vegetarische Gerichte zu bitten. Außerdem schämte er sich, weil ihm das Essen mit Messer und Gabel nicht vertraut war.

Auch bei seiner Ankunft im herbstlichen London legte sich seine Befangenheit nicht. Sie wurde sogar schlimmer, weil er von einem Fettnäpfchen ins nächste trat. Hatte er während der Schiffsreise einen schwarzen Anzug getragen, war er nun, als er von Bord ging, in dem vornehmen Flanellanzug gekleidet. Ein rascher Blick auf die Menschenmenge im Hafen verriet ihm, dass er der Einzige war, der einen weißen Anzug trug. Er stach aus der Masse heraus wie ein schriller Pfau.

Nun konnte er seinen Anzug auch nicht wechseln, da er sein Gepäck einem Transportservice überlassen hatte. Hastig lief er zum Victoria Hotel, wo er übernachten wollte. An der Rezeption erfuhr er, dass aufgrund des Sonnabends und des Sonntags sein Gepäck erst in zwei Tagen angeliefert werden würde. Solange musste er in seinem weißen Anzug herumlaufen.

Dr. Pranjivan Mehta, ein indischer Arzt und Jurist, der schon seit einer Weile in London lebte und ihm deshalb von seinen Freunden als Ansprechpartner empfohlen worden war, lächelte bei seinem Anblick. Mohandas wäre vor Scham am liebsten im Erdboden versunken.

Seine Tollpatschigkeit wurde von Dr. Mehta anfangs geduldig ignoriert. Eines Abends aber, als sich die Männer an einen Tisch setzten und Mohandas nach dem Zylinder griff, den Dr. Mehta auf den Stuhl neben sich abgelegt hatte, und neugierig den weichen Samt befühlte, platzte Dr. Metha der Kragen.

»Also bitte, Mr. Gandhi«, sagte er erregt, »hören Sie auf, ständig die Sachen anderer Leute anzufassen.«

Mohandas ließ vor Schreck den Zylinder fallen. »Wieso …«

»Und stellen Sie den Leuten nicht ständig Fragen. Wir sind hier nicht in Indien, wo man selbst gegenüber Fremden einfach drauflosplappert.«

»Ich …«

»Und müssen Sie ständig so laut reden? Sie befinden sich in England, hier spricht man mit gediegener Stimme.«

»Aber, Sir, ich …«

»Und hören Sie bitte auf, andere Leute mit ›Sir‹ anzusprechen. In Indien mag das normal sein, hier ist es ein Zeichen der Untergebenheit. Nur ein Diener spricht seinen Herrn mit ›Sir‹ an.«

Mohandas schwieg eingeschüchtert.

Dr. Mehta beugte sich vor. »Und dann, Mr. Gandhi, rate ich Ihnen noch, verlassen Sie das Hotel.«

»Was ist damit?«

»Nichts ist damit, es ist ein gutes Hotel. Aber Sie, Mr. Gandhi, sollten in einem Haus unter Menschen leben. Unter Engländern.«

Verwirrt runzelte Mohandas die Stirn.

Dr. Mehta setzte ein versöhnliches Lächeln auf. »Haben Sie ernsthaft geglaubt, Sie sind nach England gekommen, um zu studieren? Ja, Sie wollen Jura studieren. Aber noch viel mehr sollten Sie die englischen Gentlemen, ihr Leben und ihre Gewohnheiten studieren.«

»Aber ich ... ich kenne hier niemanden«, sagte Mohandas.

Dr. Mehta lachte. »Sie kennen mich. Und ich habe Freunde.«

✳

Mohandas wohnte jetzt bei Dr. Mehtas englischen Freunden. Obwohl sie sich um sein Wohlergehen sorgten, fühlte er sich fremd in ihrer Gesellschaft. Er verstand ihre Sprache nur schlecht und wusste ihr Verhalten nicht zu deuten. Außerdem hatte er das Gefühl, ständig auf der Hut sein zu müssen. Überall in London wurde ihm Fleisch angeboten. Jeder wollte ihn zum Verzehr überreden. Mohandas blieb konsequent. Er ernährte sich von Hafergrütze, Brotschnitten mit Marmelade und gekochtem Spinat. Doch das Essen war geschmacklos und schal. Ihm verging der Appetit.

Sein Aufenthalt in England war so ganz anders, als er ihn sich vorgestellt hatte. Sein Heimweh wurde stärker. Er vermisste seine Familie, seine Frau und seinen neugeborenen Sohn. Weil aber deren Hoffnungen und Erwartungen auf ihm ruhten, war an eine Rückkehr nicht zu denken. Ziellos wanderte er durch London, als könnte er auf diese Weise seinem Alleinsein entfliehen.

London war mit mehr als einer Million Einwohnern in jenen Tagen die bevölkerungsreichste Metropole der Welt. Als »Welthauptstadt« des Britischen Empires zog sie die Menschen verschiedenster Nationalitäten, Kulturen und Religionen aus den Kolonien in Afrika, Nord- und Südamerika, Asien und der Karibik an. Ihr Wohlstand wuchs.

Viele Einwohner lebten in stattlichen Herrenhäusern. Sie vergnügten sich in prunkvollen Museen, Theatern, Konzertsälen oder Casinos. Sie trafen sich an reich gedeckten Tischen in edlen Restaurants, Salons oder in der »Orangery« in Kensington Gardens, um sich mit Tee und traditionellem Teegebäck, den Cones oder fingerförmigen Sandwiches zu vergnügen. Und dabei vergaßen sie nicht, ihre noble Garderobe zur Schau zu stellen. Es war, als sollte jeder sehen können, dass auch sie zur Gesellschaft gehörten.

Der technische Fortschritt lauerte an nahezu jeder Straßenecke: Elektrizität, die Eisenbahn, neuerdings sogar eine U-Bahn veränderten das Leben grundlegend. Autos verdrängten die Droschken. Dinge, die sich Mohandas in seinen kühnsten Träumen nicht hätte ausmalen können.

Doch das alles war nur die eine Seite Londons. Die andere war von großer Armut geprägt, denn tatsächlich profitierte nur ein Bruchteil der Einwohner vom wachsenden Wohlstand und der Industrialisierung. Hunderttausende Menschen besaßen keine Arbeit oder arbeiteten in den Hafendocks oder in Fabriken, deren Hungerlöhne kaum zum Überleben reichten. Sie fristeten in überbevölkerten und unhygienischen Elendsquartieren ihr Dasein.

Mit jedem neuen Tag kam sich Mohandas auf seinen Spaziergängen verlorener vor, so gewaltig, verwirrend, erschreckend und einschüchternd war die Stadt. Bis er bei einer seiner Wanderungen in einer Seitenstraße ein vegetarisches Restaurant entdeckte. Überglücklich verzehrte er seine erste richtige

Mahlzeit seit seiner Ankunft in England und erzählte Dr. Mehtas englischen Freunden von seinem Erlebnis. Sie aber warfen ihm nur vor, zu plump für die anständige Gesellschaft Englands zu sein. Wieder wäre Mohandas am liebsten vor Scham im Erdboden versunken. War es das, was die Briten in ihm sahen? Nur einen plumpen Gast aus Indien? Er musste etwas dagegen unternehmen. Bloß was? Dr. Mehtas Worte kamen ihm in den Sinn.

Haben Sie ernsthaft geglaubt, Sie sind nach England gekommen, um zu studieren? Sie sollten die englischen Gentlemen, ihr Leben und ihre Gewohnheiten studieren.

So viel hatte Mohandas inzwischen begriffen: Gesellschaftliche Anerkennung hing in England vor allem von Äußerlichkeiten ab. Kurzerhand ließ er sich von seinem Bruder Laxmidas noch mehr Geld schicken. Er kaufte sich einen modischen Zylinder und einen teuren Abendanzug in der Bond Street, dem Modezentrum Londons. Jeden Morgen nach dem Aufstehen verbrachte er eine gefühlte Ewigkeit vor dem Spiegel, um sich zu rasieren, seine Krawatte ordentlich zu knoten und seine Haare zu kämmen. Regelmäßig las er die wichtigen Tageszeitungen, um seine Englischkenntnisse zu verbessern und sich bei Tischgesprächen einbringen zu können. Er nahm sogar Französischunterricht, denn Französisch wurde vor allem von der »feineren Gesellschaft« gesprochen. Um bei deren Empfängen nicht abseits stehen zu müssen, nahm er Tanzunterricht. Weil es ihm schwerfiel, den Takt zu halten, lernte er Geige spielen, damit sich sein Ohr an die westliche Musik gewöhnte.

Nach drei Monaten beschlich ihn ein schlechtes Gewissen.

Mohandas betrachtete sich im Spiegel. Mit den polierten Schuhen, dem edlen Anzug und der Uhrkette aus Gold, die ihm

Laxmidas geschickt hatte, sah er aus wie ein britischer Gentleman. Und er benahm sich, als wollte er den Rest seines Lebens in London verbringen. Doch das war nicht der Grund, weshalb man ihn nach England geschickt hatte. Sein Bruder und die Familie hatten ihm ihr Erspartes überlassen, damit er studierte, zu ihnen zurückkehrte und erfolgreich in die Fußstapfen seines Vaters trat.

Reumütig beschloss er, sich endlich auf sein Studium zu konzentrieren. Die Unterstützung seiner Familie wollte er nur noch so wenig wie möglich in Anspruch nehmen. Auch wenn das bedeutete, ab sofort sparsamer leben zu müssen. Er mietete eine kleine Zweizimmerwohnung an, die günstiger war als die Unterbringung bei Dr. Mehtas englischen Freunden. Um Fahrgeld zu sparen, legte er weite Strecken zu Fuß zurück, manchmal bis zu sechzehn Kilometer. Mehr als durch den kurzzeitigen Fleischgenuss, zu dem er sich als Junge hatte hinreißen lassen, gewann sein Körper durch die langen Spaziergänge endlich an Kraft.

Außerdem legte er sich einen straffen Zeitplan für sein Jurastudium zurecht. Zu seiner Überraschung waren die Vorbereitungen für das Examen nicht aufwendig. Er las weiterhin ausgiebig britische Zeitungen, in denen die sozialen Umwälzungen im Land heiß diskutiert wurden. Aufgrund der schlechten Arbeits- und Lebensbedingungen der Hafen- und Fabrikarbeiter hatte sich London zum Zentrum der Arbeiterorganisationen entwickelt. 1889 traten Dockarbeiter, Kahnführer, Lastenführer, Maurer, Stahlbauer und sogar Fabrikangestellte in den Streik. Sie verlangten mehr Geld, außerdem eine Anerkennung ihrer Gewerkschaft. Mohandas verfolgte die Auseinandersetzungen und zum ersten Mal wurde sein politisches und auch sein journalistisches Bewusstsein geweckt.

Er lernte weiterhin Französisch, darüber hinaus Latein, wie es sich für einen angehenden Rechtsanwalt gehörte. Alle Prüfungen bestand er mit Bravour. Dennoch hatte er noch immer das Gefühl, sein Lebensstil entspräche nicht den bescheidenen Mitteln seiner Familie. Er zog in eine winzige Einzimmerwohnung. Zum Frühstück aß er Brei aus Hafergrütze und trank dazu Wasser mit Kakao. Mittags ging er weiterhin in vegetarische Restaurants essen. Am Abend begnügte er sich zu Hause mit Brot und Kakao. Als ärmlich empfand er seine bescheidenen Mahlzeiten nicht, im Gegenteil: Sein Leben fühlte sich endlich glaubwürdig an, weil es den einfachen Verhältnissen seiner Familie entsprach.

Unterdessen freundete er sich mit anderen Vegetariern an. Er abonnierte das Wochenblatt der Vegetarian Society, die im Vegetarismus ein Heilmittel gegen die Zivilisationskrankheiten und ein Mittel zur Rückkehr zur Natur sah. Mohandas wurde Mitglied der Society und bekam einen Posten im Exekutivausschuss. Er wurde nun aus tiefer Überzeugung Vegetarier. Die Beschäftigung mit Henry Salt und die Lektüre seines Buches »A Plea for Vegetarianism«, in der Salt die Emanzipation der Menschen von Grausamkeit und Ungerechtigkeit propagierte, eröffneten Mohandas einen weiteren neuen Horizont und legten den Grundstein für den zivilen Ungehorsam, den er viele Jahre später für sich entdecken sollte. Er gründete sogar einen eigenen vegetarischen Club, obwohl seine Schüchternheit ihm nach wie vor zu schaffen machte. Öffentliche Reden schrieb er auf und ließ sie von einem Freund vorlesen.

Mohandas' vegetarischer Club existierte zwar nur wenige Monate. In dieser Zeit lernte er jedoch das Organisieren und Leiten eines Vereins. Der Kontakt zu den anderen Vegetariern inspirierte ihn außerdem zu einigen Diätexperimenten, nicht mehr nur der Sparsamkeit wegen, jetzt auch aus gesundheitlichen Gründen.

Er verzichtete auf Süßigkeiten, die er aus Indien geschickt bekam. Er schwor dem schädlichen Kaffee- und Teegenuss ab. Eine Zeit lang ernährte er sich nur von Brot und Früchten, dann nur von Käse, Milch und Eiern. Den Eiern schwor er schließlich ebenso ab. Zu seiner eigenen Überraschung fand er plötzlich sogar Geschmack an gekochtem Spinat. »Eine Reihe ähnlicher Experimente lehrte mich, dass der eigentliche Sitz des Geschmacks nicht die Zunge, sondern der Geist ist.«[4] Die Schärfung seines Geistes war sein nächstes Vorhaben.

Im Herbst 1890 lernte Mohandas Dr. Archibald und Bertram Keightley kennen. Die beiden Brüder gehörten der Theosophischen Gesellschaft an, einer 1875 von der Okkultistin Helena Petrovna Blavatsky in New York gegründeten Vereinigung. Sie verband die hinduistischen und buddhistischen Ideen Indiens mit den spiritistischen Vorstellungen des Westens. Nach Ansicht von Blavatsky besaßen alle Religionen einen gemeinsamen wahren Kern. Vor allem in England fanden ihre Thesen viele Anhänger.

Eines Tages wollten die Keightleys von Mohandas wissen, ob er die Bhagavadgita kenne. Die Bhagavadgita ist ein aus 700 Strophen bestehendes spirituelles Gedicht und eine zentrale Schrift des Hinduismus. Zu seiner eigenen Schande musste Mohandas gestehen, dass er zwar in einer strenggläubigen Hindu-Familie aufgewachsen war, das Gedicht aber noch nie gelesen hatte. Gemeinsam mit den Brüdern Keightley begann er die Lektüre. Schon das zweite Kapitel hinterließ einen bleibenden Eindruck. Dort stand geschrieben, dass ein Mensch, der sich zu sehr dem Konsum hingebe, gierig werde. Aus seiner Gier werde Neid, aus Neid werde Zorn. Aus seinem Zorn wiederum werde Hass, und der Hass verderbe seinen Charakter. Mit einem verdorbenen Charakter bleibe nichts mehr, was den Mensch noch liebenswert mache.

Das Gedicht beschreibt einen Dialog zwischen dem Gott Vishnu und Prinz Arjuna, der in den Krieg geschickt werden soll. Vishnu rät ihm nicht nur vom Materialismus ab, der zu Gier, Neid, Zorn und Hass führt. Er lehnt auch die absolute Askese ab. Stattdessen empfiehlt er – sozusagen als goldenen Mittelweg – ein diszipliniertes Leben, das man einer bestimmten Sache widmet: »... frei von Ängsten oder dem Streben nach persönlichem Erfolg ...«[5]

Als sie Mohandas' Begeisterung bemerkten, rieten ihm seine theosophischen Freunde zur Lektüre von Edwin Arnolds epischem Gedicht »Die Leuchte Asiens« (1879). Es schildert die Geschichte des Inders Gautama, der unter einem Bodhi-Baum zur Erleuchtung gelangt, als Buddha allen weltlichen Besitztümern entsagt und dafür eines Tages reich belohnt wird.

»Wer sich als Sklave mühte, wird vielleicht
als Fürst einst ernten frommen Lebens Saat;
Wer König einst, büßt nun in Lumpen, was
er unterließ und tat.«[6]

Schließlich begann sich Mohandas auch noch mit dem christlichen Glauben auseinanderzusetzen. Allerdings langweilte ihn die Lektüre des Alten Testaments. Erst das Neue Testament weckte seine Neugier. Insbesondere die Bergpredigt tat es ihm an:

»Ich aber sage euch, daß ihr nicht
widerstreben sollt dem Übel;
sondern, so dir jemand einen Streich gibt

auf deinen rechten Backen,
dem biete den andern auch dar.«[7]

Mohandas erkannte die Verbindung zwischen der Bergpredigt, der »Leuchte Asiens« und der Bhagavadgita, die ebenfalls dem Menschen rät, auf jedes Übel, das man ihm antut, mit einer guten Tat zu reagieren.

Seine theosophischen Freunde hatten recht: Alle Religionen waren verbunden durch eine gemeinsame Botschaft. Für Mohandas waren die Texte daher wie eine Offenbarung. Oder ein Beweis dafür, dass er sich mit seinem enthaltsamen Lebensstil auf dem richtigen Weg befand – und die Enthaltsamkeit die höchste Form der Religion war.

Er nahm sich vor, noch mehr religiöse Bücher zu lesen. Zuvor allerdings musste er sich auf sein Examen vorbereiten. Nachdem er die Prüfungen bestanden hatte, wurde er am 10. Juni 1891 als Rechtsanwalt zugelassen. Zwei Tage später trat er seine Rückreise nach Indien an. Er freute sich auf ein Wiedersehen mit seiner Familie, mit seiner Ehefrau Kasturbai, seinem Sohn Harilal, seinen Geschwistern, seiner geliebten Mutter. Vier Jahre lang waren sie voneinander getrennt gewesen.

Mit jeder Seemeile, mit der sich das Schiff der Heimat näherte, wuchs in Mohandas wieder die Angst. Da war zum einen die Auseinandersetzung mit der Kaste, die ihm bevorstand. Würden die Ältesten ihn wieder in die Gemeinschaft aufnehmen? Noch größer aber war die Furcht vor der Arbeit. Er hatte zwar das Jurastudium erfolgreich absolviert, jedoch fehlte ihm jegliche Erfahrung als Anwalt. Was, wenn er versagte und die Hoffnung seiner Familie enttäuschte?

Kapitel 3

Alles andere als geschäftstüchtig

Erste Jahre als Anwalt in Indien, 1891–1893

Ein Sturm tobte über Bombay, weswegen das Schiff nicht im Hafen anlegen durfte. In kleinen Barkassen mussten die Passagiere an Land gebracht werden. Das wilde Schaukeln lenkte Mohandas von seinen Sorgen ab. Während der Fahrt nach Rajkot begann er sogar wieder Freude zu verspüren. Seine Familie würde stolz auf ihn sein. Vier Jahre hatte er studiert, sein Examen mit Bravour absolviert.

Halte dir vor Augen, welchen Erfolg du als Anwalt haben wirst, wenn du in England studierst.

Daran wollte er denken. Und sich mit ganzer Kraft darum bemühen, seine Familie nicht zu enttäuschen. Als er ihr Haus erreichte, wurde er von Kasturbai und seinem Sohn erwartet. Harilal war kein Baby mehr. Er konnte laufen und sprechen. Allerdings war er sehr scheu zu seinem Vater, der wie ein Fremder auf ihn wirkte. Umso freudiger wurde Mohandas von seinen Geschwistern, deren Kindern, den Onkeln und Tanten begrüßt. Sein Bruder Laxmidas hatte Tränen in den Augen.

Mohandas brauchte einige Sekunden, bis er begriff. »Wo ist Mutter?«, fragte er.

Nun weinten auch die anderen.

»Sie ist gestorben«, sagte Laxmidas mit stockender Stimme.

Mohandas schluckte. »Wann?«

»Schon vor vielen Monaten.«

Wut erfasste ihn. »Warum hast du mir nichts davon geschrieben?«

»Ich wollte nicht, dass du in einem fernen, fremden Land alleine trauern musst.«

Auch wenn sich die Trauer über den Verlust seiner Mutter noch schlimmer anfühlte als beim Tod des Vaters: Mohandas überwandt den Schmerz und stellte sich der Verantwortung, die er für die elternlose Familie übernehmen musste.

Zunächst bemühte er sich um eine Versöhnung mit der Kaste.

Auf Wunsch seines Bruders pilgerte er an das Ufer des heiligen Flusses Godavari, in dem er sich von der vermeintlich lasterhaften Reise nach England reinigte. Dennoch wurde ihm die Wiederaufnahme in die Kaste verweigert. Auch die Verbote, die die Kasten-Versammlung einst ausgesprochen hatte, blieben bestehen. Beispielsweise durfte ihn auch in Zukunft niemand aus seiner Verwandtschaft bewirten, nicht sein Schwiegervater, nicht seine Schwiegermutter, nicht einmal seine Geschwister und ihre Ehepartner. Obwohl sie bereit waren, sich insgeheim über die Verbote hinwegzusetzen – Mohandas verbot es ihnen. Er wollte nichts heimlich machen, was er nicht auch öffentlich tun durfte.

Schwierig war sein Verhältnis zu Kasturbai. Er wollte seine Ehefrau und seinen Sohn Harilal an die diätetische Ernährung gewöhnen, mit der er in London begonnen hatte. Außerdem nahm er sich vor, Kasturbai das Lesen und Schreiben beizubringen. Doch wann immer ihm Zeit blieb, wollte er lieber Sex mit ihr. Zugleich kämpfte er wieder gegen seine Eifersucht. Erneut kam es zu erbitterten Streitigkeiten zwischen den beiden.

Erst Jahre später räumte er in seiner Autobiografie ein, dass sein Verhalten als Ehemann streng und völlig überzogen gewesen sei. Aber da war es schon zu spät. Mehr als das Schreiben einfacher Briefe hatte er Kasturbai nicht beibringen können. Wäre seine Beziehung zu ihr frei von übertriebenem Sex und Eifersucht gewesen, so gestand er sich ein, wäre sie eine kluge Frau geworden.

Am meisten machten ihm die hohen Erwartungen seines Bruders zu schaffen. Laxmidas hatte sich von Mohandas' Rückkehr Erfolg, Wohlstand und einen guten Ruf für die ganze Familie erhofft. Noch bevor er aus London heimgekehrt war, gab sein Bruder sehr viel Geld aus. Im Haus der Gandhis gehörten jetzt Tee und Kaffee zu den bevorzugten Getränken. Sie tranken aus teurem Porzellan und benutzten vornehmes Geschirr.

Mohandas' Einkommen als Anwalt war dagegen bescheiden. Wie befürchtet, fehlte ihm jegliche Rechtserfahrung, insbesondere für indisches Recht. Auch vom Recht der Hindus und Muslime hatte er keinen blassen Schimmer. Diese Unwissenheit beschämte ihn, weswegen er sich nicht traute, Klienten anzunehmen.

Er beschloss deshalb, dem Rat einiger Freunde zu folgen und nach Bombay zu ziehen. Dort wollte er am Obersten Zivilgericht indisches Recht studieren, einige Mandanten gewinnen und Erfahrungen sammeln. Schon nach wenigen Wochen war Mohandas ernüchtert.

Das Studium des indischen Rechts war schwieriger als erwartet. Von der Zivilprozessordnung und dem Hintergrund der Beweisprotokolle hatte Mohandas keinen blassen Schimmer. Weil er nicht begriff, um was es bei den Prozessen ging, schlief er regelmäßig im Zuschauerraum des Gerichtssaals ein. Es war wenig überraschend, dass er keine Mandanten fand. Unterdessen explodierten seine Lebenshaltungskosten.

Bombay war und ist nicht nur die wichtigste Hafenstadt Indiens, sondern auch das wirtschaftliche Zentrum des Landes. Dank einer Vielzahl an Universitäten, Theatern, Museen und Galerien prägt sie außerdem das indische Kulturleben. Mit fast 12 Millionen Einwohnern ist Bombay – das sich 1996 offiziell in Mumbai umbenannte – auch die größte und wohlhabendste Metropole Indiens.

Mohandas' Aufenthalt war dementsprechend kostspielig, daran konnten auch seine Diätexperimente, der erneute Verzicht auf die Ausgaben für Straßenbahntickets oder die Fahrt mit einem Taxi – stattdessen legte er alle seine Wege wieder zu Fuß zurück – nichts ändern.

Als ihm ein Freund erklärte, ein Anfänger in Bombay brauche normalerweise sechs oder sieben Jahre, bis er als Anwalt Geld verdiene, stand Mohandas kurz davor, seine Hoffnung auf einen baldigen beruflichen Erfolg aufzugeben. Da wurde ihm zu seiner Überraschung ein Gerichtsfall vermittelt. Es war nur ein kleiner Rechtsstreit, aber es war sein erster Fall. Dementsprechend freudig wollte er sich in die Akten vertiefen.

»Vergessen Sie nicht, dem Vermittler eine Provision zu zahlen«, teilte man ihm mit.

Mohandas war überrascht. »Wieso sollte ich das tun?«

»Weil das jeder Anwalt macht.«

»Das ist für mich kein Grund.«

»Das sollte es aber. Selbst Anwälte, die berühmt und wohlhabend sind, zahlen eine Vermittlerprovision.«

»Ich führe ein enthaltsames Leben, mir genügen dreihundert Rupien im Monat. Viel mehr hat mein Vater auch nicht verdient, und er hat damit die ganze Familie ernähren können.«

»Seitdem ist der Lebensunterhalt teurer geworden, in Bombay erst recht. Wenn Sie hier als Anwalt erfolgreich sein möchten, müssen Sie geschäftstüchtig sein.«

Mohandas war alles andere als das. Als ihm der Rechtsstreit trotz seiner Weigerung zur Provisionszahlung überlassen wurde, verlangte er ein Honorar von gerade mal 30 Rupien. Das waren zu jener Zeit umgerechnet etwa zwei britische Pfund (und nach heutiger Rechnung cirka 2,70 Euro). Aufgeregt betrat er den Gerichtssaal zu seiner ersten Verhandlung. Als Verteidiger sollte er die Zeugen des Klägers ins Kreuzverhör nehmen. Er stellte sich vor die Zeugenbank, richtete seinen Blick auf die Zeugen – und bekam vor Aufregung kein Wort über die Lippen. Sein Kopf war plötzlich wie leer gefegt. Der Gerichtssaal begann sich vor seinen Augen zu drehen. Von irgendwo kam ein Lachen. War es der Zeuge? Der Kläger? Der Richter? Mit hochrotem Kopf rannte Mohandas aus dem Gerichtssaal.

Keinen Fall werde ich mehr übernehmen, so schwor er sich, *solange ich nicht genug Mut besitze, diesen Fall auch durchzustehen.*

Doch wie wollte er bis dahin seinen und den Lebensunterhalt seiner Familie bestreiten? Er bekam zwar bald darauf einen neuen Auftrag: Er sollte eine Bittschrift für einen Muslim schreiben, dessen Grundstück konfisziert worden war. Unglücklicherweise war der Mann so arm, dass er kein Honorar bezahlen konnte. Mohandas bekam sehr viel Lob für sein Schreiben. Aber mit schönen Worten allein ließen sich seine finanziellen Probleme nicht lösen.

Nach sechs erfolglosen Monaten entschied er, Bombay den Rücken zu kehren. Stattdessen ließ er sich in einem Büro in Rajkot nieder und verfasste für die Anwohner Bittschriften und Anträge an die Gerichtshöfe. Eine Tätigkeit, die er einwandfrei beherrschte. Schon bald verfügte er über ein Einkommen von 300 Rupien im Monat. Ein einträgliches Geschäft, mit dem Mohandas fast anderthalb Jahre verbrachte – bis sein Bruder ihn um Hilfe bat.

✳

Laxmidas war wütend.

»Was ist los?«, fragte Mohandas und legte eine Bittschrift beiseite, die er gerade verfasst hatte.

Sein Bruder setzte sich zu ihm an den Schreibtisch. »Meine Arbeit«, presste er hervor. Nach wie vor arbeitete er als Sekretär und Ratgeber im Fürstentum Kathiawar. »Man hat mir gekündigt. Und mich angeklagt.«

»Weshalb?«

»Ich soll dem Maharaja falsche Ratschläge gegeben haben.«

»Hast du?«

»Aber nein.«

»Und warum kommst du dann zu mir?«

»Mohandas, weißt du …« Laxmidas räusperte sich. »Es ist so: Am Gerichtshof von Kathiawar wird die Klage zufällig von einem englischen Beamten bearbeitet, den du kennst. Du erwähntest seinen Namen. Du hast ihn während deines Aufenthalts in London kennengelernt.«

»Das mag sein«, sagte Mohandas, »aber worauf willst du hinaus?«

Sein Bruder hüstelte. »Ich möchte dich bitten, für mich ein gutes Wort bei deinem Freund einzulegen.«

»Er ist nicht mein Freund. Außerdem, wenn du wirklich einen Fehler gemacht hast …«

»Das habe ich nicht!«

»… wie soll ich dann ein gutes Wort für dich einlegen können? Ich müsste lügen und das kann ich nicht.«

»Mohandas, bitte!«

»Aber wenn du unschuldig bist ...«

»Das bin ich!«

»... dann hast du rein gar nichts zu befürchten. Die Vorwürfe gegen dich werden sich als null und nichtig erweisen und die Klage wird fallen gelassen.«

»Aber nein!«, stieß Laxmidas hervor. »Du lebst noch nicht lange in Kathiawar. Du hast keine Ahnung, wie es hier läuft. Und wie die Engländer ticken. Wenn du keine Beziehungen hast, bist du für sie nichts. Und hast nichts zu sagen.«

Mohandas schwieg. *Du hast keine Ahnung, wie es hier läuft. Und wie die Engländer ticken.* Er hatte vier Jahre in London verbracht und dabei mehr als einmal erlebt, wie die Engländer tickten. Er hatte mehr erlebt als Laxmidas in seinem bisherigen Leben. Allerdings war die Reise nach England nur deshalb möglich gewesen, weil sein Bruder ihn unterstützt hatte. Und nun benötigte Laxmidas seine Hilfe. Dennoch kam es Mohandas nicht richtig vor, die Bekanntschaft zu dem britischen Beamten auszunutzen.

»Und du willst mein Bruder sein?«, schimpfte Laxmidas, der seine Zweifel zu spüren schien.

»Du bist unfair«, erwiderte Mohandas.

»Nein, das bist du! Was ist so schwer daran, bei einem deiner Bekannten ein gutes Wort für mich einzulegen?«

Derart unter Druck gesetzt, stattete Mohandas dem Beamten einen Besuch ab. Dieser machte keinen Hehl aus seinem Missfallen. Er ließ Mohandas nicht einmal ausreden.

»Nein, nein, nein«, polterte er los, »ich mag mir die Lügengeschichten Ihres Bruders nicht anhören.«

»Von welchen Lügen sprechen Sie?«

»Ich will darüber nicht reden.«

»Aber ich möchte …«

»Sie sollten jetzt gehen!«

»Bitte«, flehte Mohandas, »ich will doch nur mit Ihnen reden.«

Genervt rief der Beamte seinen Adjutanten und ließ Mohandas vor die Tür setzen. Mohandas war schockiert. So herablassend hatte man ihn noch nie behandelt. Er schrieb einen wütenden Brief an den Beamten und drohte ihm mit einer Klage wegen Beleidigung. Die Antwort des Beamten ließ nicht lange auf sich warten. Er warf Mohandas Unhöflichkeit vor, weil er der Bitte zu gehen nicht nachgekommen sei. Vor einer Klage habe er keine Angst.

Verunsichert darüber, wie er weiter vorgehen sollte, schrieb Mohandas einen Brief an den Politiker Pherozeshah Metha, der zugleich als einer der führenden Anwälte Bombays galt. Dieser ließ ausrichten, Mohandas solle sich nicht wie ein unerfahrener, heißblütiger Anfänger benehmen. Er solle stattdessen den Brief zerreißen und die Beleidigung vergessen, denn er kenne die britischen Beamten nicht. Eine Klage würde zu nichts führen, außer zum eigenen Ruin.

Du hast keine Ahnung, wie es hier läuft. Und wie die Engländer ticken.

Eine bittere Pille, die Mohandas schlucken musste. Aber es kam noch schlimmer: Einen Großteil seiner Bittschriften und Anträge hatte er für gewöhnlich an jenen Gerichtshof in Kathiawar zu schicken, an dem der britische Beamte, mit dem er sich zerstritten hatte, tätig war. Nun bekam Mohandas die geballte Macht der Kolonialherren zu spüren.

Wenn du keine Beziehungen hast, bist du für sie nichts.

Deren Beziehungen, Einfluss und Intrigen ruinierten seinen Ruf als Anwalt. Mohandas stand vor dem beruflichen Aus. Ausgerechnet jetzt war seine Ehefrau Kasturbai zum zweiten Mal schwanger. Wie um alles in der Welt sollte er seine wachsende Familie ernähren? Er hatte versagt. Er hatte die Hoffnung seiner Familie enttäuscht.

✳

Der Zufall wollte es, dass ihn im April 1893 ein Brief aus einer weiteren britischen Kolonie erreichte. In Südafrika lag Dada Abdulla Sheth, ein muslimischer Kaufmann und Freund der Gandhis, im Rechtsstreit mit einem Händler, der ihm 40000 britische Pfund schuldete. Abdulla Sheth fühlte sich als dunkelhäutiger Mandant von seinen britischen Anwälten nur unzureichend vertreten. Er bat Mohanda um Hilfe.

Mohandas verstand sich zwar auf das Schreiben von Bittschriften, zweifelte aber nach wie vor an seinen Fähigkeiten als Anwalt. Er fragte: »Wie schwierig wird die Arbeit sein?«

»Nicht sehr schwierig«, ließ Abdulla Sheth ihm ausrichten. »Sie werden für mich die englischsprachige Korrespondenz übernehmen, weil ich Englisch nur bedingt beherrsche. Bei Problemen erhalten Sie jederzeit Unterstützung von einflussreichen Europäern, mit denen ich in Südafrika befreundet bin.«

»Wie lange werden Sie meine Hilfe benötigen?«

»Sie wird nicht lange dauern. Nicht länger als ein Jahr.«

»Ihr Angebot klingt interessant«, gab Mohandas zu, »aber ich kann mir die Reise nicht leisten.«

»Ich bitte Sie, Herr Gandhi, Sie werden mein Gast sein. Ich übernehme die Kosten für die Schiffsreise erster Klasse hin und zurück und für ein entsprechendes Hotelzimmer.«

»Bekomme ich auch ein Honorar?«

»Selbstverständlich. Was halten Sie von 150 Pfund?«

150 Pfund waren etwa 2250 indische Rupien (und circa 213

Euro), für Mohandas in seiner gegenwärtigen Situation ein halbes Vermögen. Er nahm das Angebot an. Neben dem ansehnlichen Honorar bot es ihm eine vielversprechende Arbeit, vor allem aber die Chance auf einen beruflichen Neuanfang – auch wenn ihm die erneute Trennung von seiner Familie schwerfiel. *Sie wird nicht lange dauern,* tröstete er sich. *Nicht länger als ein Jahr.* Bis dahin würde er seine Familie im Haus seiner Geschwister wohlbehütet wissen.

Noch im gleichen Monat und noch bevor sein zweiter Sohn Manilal geboren war, bestieg Mohandas ein Schiff nach Südafrika. Diesmal zeigte er sich während der Reise aufgeschlossen und neugierig. Er lernte indische und englische Passagiere kennen und freundete sich mit dem Kapitän an, der ihm das Schachspielen beibrachte. Bei Landgängen in Kenia und Mosambik suchte er das Gespräch mit Afrikanern, um mehr über ihre Lebensweise zu erfahren. Er war begeistert von ihrem Kontinent, der ihn mit riesigen Bäumen und üppigen Früchten an Indien erinnerte. Mohandas war bester Laune.

Kapitel 4

Feigheit oder Mut?

Erfolgreicher Anwalt in Südafrika, 1893–1901

1488 legten portugiesische Seefahrer als erste Europäer an der Südspitze Afrikas an. Sie nahmen Proviant und frisches Wasser auf, dann segelten sie weiter. Eine Besiedlung des Kontinents stand für sie außer Frage. Ihr vordringliches Interesse galt der Suche nach einem Seeweg nach Indien. Es waren die Niederländer, die Mitte des 17. Jahrhunderts erstmals einen Stützpunkt im Süden Afrikas errichteten – das spätere Kapstadt. Zur gleichen Zeit verschleppten sie aus Indien, damals ebenfalls noch unter niederländischer Besatzung, über 16 000 Inder als Sklaven in ihre neue Kolonie.

Um 1800 fielen die Briten in Südafrika ein und übernahmen die Kapkolonie. Sie erklärten Englisch zur Amts- und Unterrichtssprache und beendeten die Sklavenwirtschaft der Buren. So wurden die Nachkommen der niederländischen Einwanderer genannt, die vor den neuen britischen Kolonialherren ins Landesinnere flohen und zwei eigene Staaten gründeten: den Oranje-Freistaat sowie die Republik Transvaal. Südafrika war unterdessen – wie zuvor schon Indien – eine britische Kolonie geworden.

Die Briten gaben den Indern die Möglichkeit, als Kontraktarbeiter für die südafrikanischen Zuckerrohrplantagen einzuwandern. Von 1860 an folgten mehrere Zehntausend dem

Angebot, etwa 70 Prozent von ihnen waren Hindus und 20 Prozent Muslime. Viele von ihnen blieben nach den fünf vertraglich gebundenen Pflichtjahren in Südafrika. Rund um die Hafenstadt Durban in der Region Natal entstand die zahlenmäßig größte indischstämmige Bevölkerungsgruppe außerhalb Indiens. Ihren Bedarf nach Hindu-Gebetsbüchern, indischen Kochutensilien, Gewürzen und Kleidungsgegenständen stillten Hunderte indische Kaufleute, die ebenfalls nach Südafrika auswanderten. Sehr schnell gelangten sie dort zu Wohlstand, da sie nicht nur mit ihren Landsleuten Handel betrieben. Auch die einheimische Bevölkerung machte lieber Geschäfte mit den Indern anstatt mit den Europäern, deren Diskriminierung und Gewalt sie fürchteten.

Die britischen Kolonialherren wiederum behandelten die Inder, egal ob Zeitarbeiter oder gut betuchte Geschäftsmänner, auch in Südafrika nur als Menschen zweiter Klasse. Diese Erfahrung machte Mohandas bereits, als das Schiff im Hafen von Durban anlegte. Die Weißen, die an Bord kamen, um ihre Freunde zu begrüßen, waren höflich zueinander. Die Inder dagegen wurden wie die schwarze Bevölkerung herumkommandiert, geschubst, beleidigt und respektlos behandelt. Sein Auftraggeber Abdulla Sheth, einer der wohlhabenden indischen Kaufleute, der ihn am Hafenkai erwartete, hatte sich an die Diskriminierung durch die Briten gewöhnt. Mohandas dagegen fühlte sich gekränkt. Zu seinem Leidwesen war er mit seinem Gehrock und dem Turban, die er angezogen hatte, jederzeit schon von Weitem als Inder zu erkennen.

Der Turban war es auch, der am dritten Tag nach seiner Ankunft für weitere Missstimmungen sorgte. Mohandas begleitete Abdulla Sheth ins Gerichtsgebäude von Durban. Dort durften muslimische Inder, die sich selbst als Araber bezeichneten und

Kaufmänner waren, ihren Turban aufbehalten. Indische Hindus galten dagegen nur als Kontraktarbeiter oder Tagelöhner, als sogenannte Kulis. Sie mussten ihren Turban abnehmen. Obwohl der Richter ihn mehrfach dazu aufforderte, weigerte sich Mohandas. Er wurde des Gerichtsgebäudes verwiesen. Mohandas war empört. Er war nach Südafrika gekommen, auch um seiner ungerechten Behandlung durch die Briten zu entfliehen und um einen Neuanfang zu wagen. Jetzt fühlte er sich erneut benachteiligt. Er verfasste einen Protestbrief an die Presse, in dem er die Ungleichbehandlung beim Turbantragen kritisierte. Der Brief wurde veröffentlicht und entfachte unter den Lesern eine heftige Diskussion. Einige unterstützten Mohandas' Beschwerde, andere beschimpften ihn. Zum ersten Mal stand er im Licht der Öffentlichkeit.

Anfangs blieb das Verhältnis zwischen Mohandas und seinem Auftraggeber von Zweifeln geprägt. Abdulla Sheth war sich nicht sicher, ob der junge, hitzköpfige Mann aus Indien seiner Aufgabe gerecht werden würde. Dann aber begann sich Mohandas für den islamischen Glauben Abdulla Sheths zu interessieren. Nach den Erfahrungen, die er mit seinen theosophischen Freunden in London und der Lektüre religiöser Bücher gemacht hatte, eröffnete ihm die islamische Philosophie einen weiteren, neuen Blickwinkel auf die Religionen dieser Welt. Die Gespräche, die Mohandas mit ihm führte, ließen Abdulla Sheth Vertrauen fassen. Nach einer Woche entsandte er Mohandas nach Pretoria, wo er ihn wie geplant im Prozess um die 40 000 Pfund vertreten sollte.

Am frühen Morgen ging Mohandas zum Bahnhof. Ihm fiel auf, dass sich Weiße und Afrikaner fast ausnahmslos getrennt voneinander auf den Bahnsteigen bewegten. Und dort, wo sie zusammenstanden, waren die Schwarzen die Bediensteten und Kofferträger der Europäer. Mohandas dachte sich nicht viel dabei. Er stieg in den Zug, in dem ihm wie versprochen ein Platz in einem Abteil der ersten Klasse reserviert worden war. Trotz der Annehmlichkeiten war die Fahrt von langer Dauer und eintönig. Die meiste Zeit verbrachte er mit Lesen und Schlafen. Am Abend hielt der Zug im Bahnhof von Pietermaritzburg. Mohandas wollte sich gerade zur Ruhe begeben, als ein zugestiegener Fahrgast das Abteil betrat. Der weiße Brite musterte Mohandas argwöhnisch von oben bis unten, bevor er auf dem Absatz kehrtmachte. Kurz darauf kam er mit zwei britischen Bahnbeamten zurück.

»Stehen Sie auf!«, verlangte einer der beiden Beamten von Mohandas. »Folgen Sie mir in den Gepäckwagen.«

»Was soll ich dort?«

»Dort ist Ihr Platz für die Reise.«

»Auf keinen Fall«, widersprach Mohandas und zeigte sein Ticket. »Ich habe eine Fahrkarte erster Klasse.«

»Das interessiert mich nicht«, sagte der Beamte. »Ihr Platz ist im Gepäckwagen.«

»Das ist eine Frechheit! Ich habe ein Ticket für die erste Klasse! Ich darf erste Klasse reisen.«

»Nein, das dürfen Sie nicht. Entweder Sie verschwinden jetzt in den Gepäckwagen oder ich rufe die Polizei.«

»Nur zu, rufen Sie die Polizei«, entgegnete Mohandas. »Und Sie werden sehen, ich bin im Recht.«

Der Bahnbeamte rief einen Polizisten. Noch ehe Mohandas etwas erklären konnte, wurde er gepackt und mitsamt Gepäck in den Straßenstaub vor dem Bahnhof geworfen. Eine Gruppe von Einheimischen, die in der Nähe standen, schaute zu ihm hinüber. Mit einem Blick auf die zornigen Weißen zogen sie es vor, ihm nicht zu Hilfe zu eilen. Weil er sich nach wie vor weigerte, den Gepäckwagen zu besteigen, fuhr der Zug ohne ihn ab. Mohandas war schockiert. Eine solche Diskriminierung war ihm noch nie widerfahren, weder in seiner Heimat Indien noch während seines Aufenthalts in London. Und jetzt musste er die Winternacht in der zugigen Bahnhofshalle verbringen.

Erst am nächsten Morgen kamen Freunde von Abdulla Sheth zu ihm. Eine große Hilfe waren sie ihm nicht. Ihr einziger Rat war, sich an Belästigungen dieser Art zu gewöhnen. Das aber widerstrebte ihm. Sollte er für sein Recht kämpfen oder enttäuscht nach Indien zurückkehren? Oder sollte er nach Pretoria weiterfahren, ohne sich um die Beleidigungen zu kümmern, und erst nach Beendigung des Prozesses nach Indien zurückkehren? Mohandas sah es als Feigheit an, nach Indien zurückzufahren, ohne seine Verpflichtung zu erfüllen. Er würde in Südafrika bleiben. Gewissenhaft würde er seinen Auftrag für Abdulla Sheth erfüllen – und zugleich gegen die Diskriminierung ankämpfen. Nicht mit Verbitterung, auch nicht mit Gewalt. Wie hatte es in der Bergpredigt geheißen, und auch in der Bhagavadgita, deren Lektüre ihn in London so beeindruckt hatte?

Der Mensch soll auf jedes Übel, das man ihm antut, mit einer guten Tat reagieren.

Geschichtsbücher, Biografien, Mohandas' Autobiografie, sogar der Oscar-gekrönte Kinofilm »Gandhi« von Regisseur Sir Richard Attenborough lassen keinen Zweifel: Erst das beschämende Erlebnis in Pietermaritzburg weckte in Mohandas den Wunsch, gegen Vorurteile, Rassismus und gesellschaftliche Missstände anzukämpfen.

Laut der indischen Schriftstellerin Arundhati Roy ist dies jedoch nur die halbe Wahrheit. Roy ist politische Aktivistin und Globalisierungskritikerin. Ihr Werk umfasst den Roman »Der Gott der kleinen Dinge«, mehrere politische Sachbücher und zahlreiche Essays. Dazu gehört auch die Abhandlung »The Doctor And The Saint«, in der sie sich mit Mohandas' Kampf gegen die Diskriminierung der Inder durch die britischen Kolonialherren auseinandersetzte.

Arundhati Roy ging dabei hart mit ihm ins Gericht. Nach der Lektüre seiner frühen Texte, die während seiner Zeit in Südafrika entstanden sind, kam sie zu der Erkenntnis, dass Mohandas damals nicht über die Rassentrennung an sich empört gewesen sei. »Die wirkliche Geschichte ist, dass er deshalb in diesem Abteil für Weiße saß, weil er glaubte, wohlhabende Inder aus den höheren Kasten sollten nicht mit ›Kaffern‹, wie er die Schwarzen nannte, im selben Abteil reisen.«[8]

Doch weder in seiner Autobiografie noch in seinen anderen Veröffentlichungen finden sich Hinweise darauf, dass er tatsächlich ein Problem mit den Afrikanern hatte. Im Gegenteil: In seinem Buch »Satyagraha in Südafrika« schreibt Gandhi voller Bewunderung und Respekt über die afrikanische Bevölkerung und vor allem über die Volksgruppe der Zulu.

Die heute rassistische Bezeichnung »Kaffer« war 1893 noch kein Beweis für einen möglichen Rassismus Gandhis. Der damals verwendete Begriff wurde erst ab den 1940er Jahren zu einem Schimpfwort.

Woran es jedoch keinen Zweifel gibt, bringt der britische Historiker Perry Anderson in seinem Buch »Die indische Ideologie« auf den Punkt: Mohandas habe kein Interesse an sozialer Gerechtigkeit oder einem Klassenkampf gehabt.[9] Anderson kritisiert, dass es Mohandas bei seinem Kampf gegen die Ungerechtigkeit in Südafrika – und später auch in Indien – zu keiner Zeit um die Gleichberechtigung aller, sondern nur um die seiner indischen Landsleute gegangen ist.

Der Vorwurf ist durchaus berechtigt, doch Mohandas hatte einen guten Grund für seine Entscheidung. Denn in der Bhagavadgita hatte er ebenso gelesen, es sei besser, wenn man eine Aufgabe mit aller Kraft zu Ende bringe, selbst wenn man erfolglos dabei bleibe, als wenn man viele Aufgaben übernehme, von denen man keine einzige zu Ende bringe.

Mohandas hatte sich ein Ziel gesetzt, auf dessen Erreichen er sich mit allen ihm zur Verfügung stehenden Mitteln konzentrieren wollte. Was er nicht wollte: sich in aberdutzenden Aufgaben verzetteln. Und noch weniger wollte er die ganze Welt retten. Auch wenn andere es von ihm erwarteten.

Nach dem unfreiwilligen Zwischenstopp in Pietermaritzburg konnte Mohandas seine Reise am nächsten Tag fortsetzen. Weil zwischen Charleston und Johannesburg noch keine Zugverbindung existierte, musste Mohandas in die Postkutsche umsteigen. Auch dafür hatte ihm sein Auftraggeber ein Ticket bezahlt, das trotz der eintägigen Unterbrechung noch gültig war.

Doch der Postmeister, ein Weißer, der für die Leitung der Kutsche verantwortlich war, erklärte: »Ihr Ticket ist nicht mehr gültig.«

»Natürlich ist es noch gültig«, widersprach Mohandas.

Der Postmeister zuckte mit den Schultern. »Wir haben nur noch einen Platz auf dem Kutschbock.«

Mohandas warf einen Blick ins Kutscheninnere, in dem nur weiße Passagiere saßen. Zwischen ihnen waren einige Plätze frei. Weil er sich vor Kurzem erst geschworen hatte, die Beleidigungen der Briten geduldig zu ertragen, setzte er sich neben den Kutscher. Der Postmeister, der dort üblicherweise saß, nahm Platz im Kutscheninneren. Beim nächsten Zwischenstopp wollte sich der Postmeister zum Rauchen ebenfalls auf den Kutschbock setzen. Er legte einen dreckigen Stofffetzen neben seine Stiefel und sagte zu Mohandas: »Jetzt setz dich zu meinen Füßen.«

Beim besten Willen, diese Beleidigung war mehr, als Mohandas ertragen konnte. Er begann sich über das Verhalten des Postmeisters zu beschweren. Dieser ließ ihn nicht ausreden, sondern prügelte stattdessen auf ihn ein. Er hörte erst auf, als sich die weißen Fahrgäste einmischten und erklärten, sie hätten kein Problem damit, wenn Mohandas bei ihnen säße. Während der nachfolgenden Fahrt warf ihm der Postmeister immer wieder hasserfüllte Blicke zu und zischte wütende Drohungen. Mohandas bekam große Angst. Würde er Johannesburg je lebend erreichen?

✳

Sie erreichten Johannesburg. Erleichtert entstieg Mohandas der Kutsche, nahm seinen Koffer und eilte ohne einen Blick zurück davon. Er wurde erst wieder langsamer, als das Grand National in Sicht kam. Das Hotel war ihm von einem der mitreisenden Weißen empfohlen worden. Erschöpft trat er an die Rezeption. Der Empfangschef schaute ihn prüfend an. Dann erklärte er ihm, dass leider kein Zimmer mehr frei sei.

Mohandas wusste, dass es eine Lüge war. Doch nach der beschwerlichen Reise fühlte er sich zu müde für eine weitere Auseinandersetzung. Wortlos verließ er das Hotel. Zum Glück bot ihm Abdul Gani, ein Freund von Abdulla Sheth, eine Unterkunft für die Nacht.

Als Mohandas ihm von der Abweisung im Hotel berichtete, lächelte Gani. »Sie haben tatsächlich erwartet, dort übernachten zu können?«

»Wieso nicht?«

»Sie sind noch nicht lange in Südafrika, oder?«

»Nein, aber ...«

»Aber Sie werden schon bald verstehen: Wenn Sie es als Inder hier zu etwas bringen wollen, dann sollten Sie sich nichts aus den Beleidigungen machen.«

»Das fällt mir schwer.«

»Alle Inder machen das. Und sie haben keine Schwierigkeiten. Stattdessen verdienen sie gutes Geld, ohne dass man sie daran hindert.«

»Was hindert mich daran, gegen die Beleidigungen vorzugehen?«

»Das wird Ihnen nichts bringen, außer Schwierigkeiten. Merken Sie sich das.«

Mohandas schnaubte entrüstet. »Merken Sie sich: Ich werde morgen meine Reise nach Pretoria antreten, und zwar in der ersten Klasse ...« Irritiert hielt er inne. Gani lachte. »Das werden Sie nicht!« Er wurde wieder ernst. »Sie mögen ein Mann mit Stolz und Ehre sein und dafür zolle ich Ihnen meinen Respekt. Aber ich sagen Ihnen: Mit Stolz und Ehre haben Sie als Inder hier nichts verloren. Im nordöstlichen Transvaal werden Sie als Inder noch viel mehr diskriminiert als in Natal. Und deshalb werden Sie dritter Klasse fahren müssen. Weil man Ihnen gar keine Fahrkarte erster oder zweiter Klasse verkaufen wird.«

Mohandas ließ sich nicht beirren. Gleich am nächsten Morgen ging er zum Bahnhofsvorsteher. Dieser war ihm wohlgesonnen, allerdings nur unter einer Bedingung: Mohandas durfte ihn nicht in Schwierigkeiten bringen, falls man ihn in der ersten

Klasse erwischte. Mohandas versprach es. Dann bekam er ein Ticket erster Klasse ausgestellt.

Kaum hatte der Zug den Bahnhof verlassen, tauchte der Schaffner auf. »Sie haben hier nichts verloren.«

»Ich habe ein Ticket für die erste Klasse.«

»Wer hat es Ihnen verkauft?«

»Das kann ich nicht sagen.«

»Spielt auch keine Rolle«, knurrte der Schaffner, »verschwinden Sie in die dritte Klasse.«

»Nein, das habe ich nicht vor.«

»Passen Sie mal auf, Sie ...«

»Entschuldigung«, meldete sich ein Engländer zu Wort, der einzige Fahrgast, der sich neben Mohandas im Abteil befand. »Wo genau liegt das Problem?«

»Dieser Mann hat hier nichts zu suchen.«

»Er hat doch eine Fahrkarte erster Klasse, oder nicht?«

»Er ist Inder.«

»Mich stört das nicht.«

»Es stört Sie nicht, mit einem Kuli zu reisen?« Der Schaffner zuckte verächtlich mit den Schultern. »Sie werden schon sehen, was Sie davon haben.« Er betrachtete Mohandas wie einen schwerkranken Mann, dem man lieber nicht zu nahe kam. Dann ging er weiter in das nächste Abteil.

Für Mohandas verlief die Reise bis nach Pretoria ohne weitere Zwischenfälle. Am Bahnhof allerdings war niemand, der ihn erwartete. Aus Angst, erneut beschimpft zu werden, traute er sich nicht, den Bahnhofsbeamten nach einer Hotelempfehlung zu fragen. Ein Schwarzer verhalf ihm zu einer Unterkunft im Johnston's Family Hotel. Der Hotelier versicherte, keine Vorurteile gegen Farbige zu haben. Unglücklicherweise hätte er sehr viele europäische Gäste, die sich gegen den Anblick Farbiger wehrten. Um den Ruf des Hotels nicht zu gefährden, durfte Mohandas den Speisesaal nicht betreten und musste in seinem Zimmer essen.

✳

In den Folgewochen bereitete er sich auf den Prozess vor. Wann immer es ihm die Zeit erlaubte, setzte sich Mohandas mit der sozialen, wirtschaftlichen und politischen Lage der Inder in Pretoria sowie den umliegenden Burenrepubliken auseinander. Tatsächlich war die Diskriminierung durch die niederländischen Kolonialherren noch viel schlimmer als unter den Engländern.

Im Oranje-Freistaat gab es keine indischen Kaufleute mehr, sie waren von den Weißen aus ihren Geschäften vertrieben worden. Indern waren nur einfache Arbeiten wie beispielsweise das Kellnern in Hotels erlaubt. Oftmals wurde ihnen das Gehalt nicht gezahlt. In der Republik Transvaal mussten sie in eigens für sie vorgesehenen Ghettos leben. Sie durften nicht auf Bürgersteigen gehen und sich nach neun Uhr abends nicht ohne Passierschein außerhalb ihrer Wohnung aufhalten.

Mohandas war so verärgert darüber, dass er sogar seine Schüchternheit vergaß. Er lud seine Landsleute in Pretoria zu einer Versammlung ein und hielt die erste öffentliche Ansprache seines Lebens. Seine Zuhörerschaft bestand zum Großteil aus indischen Kaufleuten, viele von ihnen waren Muslime, einige Hindus. Geduldig lauschten sie seinen Ausführungen. »Was schlagen Sie vor?«, fragten sie schließlich.

»Zuallererst schlage ich die Wahrheit vor.«

»Die Wahrheit?« Die Männer winkten ab. »Wir sagen nur die Wahrheit, wenn ohne sie kein erfolgreicher Geschäftsabschluss möglich ist.«

»Nicht nur dann«, widersprach Mohandas. »Lügen werfen nur ein schlechtes Licht auf uns Inder und werden deshalb nichts an den Vorurteilen und der Diskriminierung ändern, verstehen Sie?«

»Die Wahrheit alleine wird aber nicht reichen«, zweifelten die Männer.

Mohandas nickte. »Aber sie ist ein guter Anfang.«

»Und wie soll es weitergehen?«

Mohandas war der Auffassung, die Inder hätten zu ihrer Diskriminierung selbst beigetragen, indem sie etliche Vorurteile schürten. Von den Lügen abgesehen, die sie ihren Geschäftspartnern auftischten, um zu einem erfolgreichen Vertragsabschluss zu kommen, hielten sie nur wenig von Hygiene. Mohandas hatte nach einigen Rundgängen durch die Stadt festgestellt, dass viele Inder ihren Müll einfach auf der Straße vor der Hütte entsorgten. Außerdem waren die indischen Hindus, Muslime, Christen und Parsen nicht selten untereinander zerstritten. Er schlug vor: »Wir sollten größeren Wert auf Sauberkeit legen, damit man nicht länger die Nase über uns rümpft. Wir sollten alle Trennungen durch Kaste und Religion vergessen, sondern zeigen, dass wir alle Inder sind. Und wir sollten Englisch lernen.«

»Das ist ziemlich viel, was Sie verlangen.«

»Soll Faulheit ein zusätzlicher Makel von uns sein?«

Die Männer schwiegen.

»Ich schlage regelmäßige Versammlungen vor, auf denen wir weitere Maßnahmen überlegen und ...«

»Wie stellen Sie sich das vor? Wir sind Kaufleute, unsere Zeit ist begrenzt. Wer soll das organisieren?«

»Gerne erkläre ich mich dazu bereit«, sagte Mohandas. »Bereits in London habe ich einen Verein geleitet, ich habe Erfahrung in solchen Dingen.« Er warf einen erwartungsvollen Blick in die Runde. »Wer ist alles für meinen Vorschlag?«

Beeindruckt von seinen Worten, stimmten alle Kaufleute dafür. Dank seines Engagements war Mohandas' Name schon nach wenigen Wochen vielen Indern in Pretoria ein Begriff. Unterdessen näherte sich der Tag der Gerichtsverhandlung.

❉

Um sich auf den Prozess vorzubereiten, hatte Mohandas Gesetzestexte gelesen, Präzedenzfälle studiert und sich gewissenhaft in die hiesige Rechtsprechung eingearbeitet. Dabei stellte er fest, dass ihm seine Zeit in London und das Studium europäischen Rechts endlich einmal von Nutzen waren. Seine Arbeit, die im Wesentlichen aus dem Zusammentragen von Beweismaterial bestand, begann ihm Spaß zu machen. Außerdem hatte ihm sein Engagement für die indischen Kaufleute Selbstvertrauen eingeflößt. Zum ersten Mal war er zuversichtlich, als Anwalt nicht zu versagen.

Dieses Gefühl verstärkte sich, als er das Beweismaterial sichtete. »Ich habe keinen Zweifel«, teilte er seinem Auftraggeber mit, »dass die Beweise für Sie sprechen. Das Urteil wird in Ihrem Sinne ausfallen.«

Abdulla Sheth freute sich: »Worauf warten wir dann noch?«

»Nun«, sagte Mohandas, »das Verfahren hat fast ein Jahr gedauert. Ein Jahr ist eine lange Zeit. Es werden enorme Prozesskosten auf Sie und Ihren Gegner zukommen. Diese werden Sie beide ruinieren.«

»Was schlagen Sie vor?«

»Einen außergerichtlichen Vergleich.«

»Sie deuten damit an«, Abdulla Sheth wurde bleich, »ich soll auf meine 40 000 Pfund verzichten?«

»Nein«, Mohandas schüttelte den Kopf, »nicht verzichten.«
Er begann zu erklären, was er sich überlegt hatte. »Lassen Sie
sich das Geld in Raten bezahlen, über viele Monate hinweg. Ihr
Gegner wird auf diese Weise nicht in den Ruin getrieben und
Sie bekommen Ihr Geld.«

Sowohl Abdulla Sheth als auch sein Gegner waren mit dem
Kompromissvorschlag zufrieden. Mohandas war glücklich. Statt
eines erbitterten Streits vor Gericht hatte er beide Kontrahen-
ten zu einem versöhnlichen Vergleich überreden können. »Ich
hatte die wahre Rechtspraxis gelernt. Ich hatte gelernt, an die
bessere Seite der menschlichen Natur zu appellieren und zu
den Herzen der Menschen vorzudringen. Ich begriff, dass die
wahre Funktion eines Anwalts darin besteht, die zerstrittenen
Parteien zusammenzuführen … Ich verlor nichts dabei, nicht
einmal Geld, und gewiss nicht meine Seele.«[10]

Zufrieden kehrte er zurück nach Durban, wo er sich auf seine Rückfahrt nach Indien vorbereitete. Ein Jahr war vergangen,
in dem er weder seine Frau, seine beiden Söhne noch seine
Geschwister gesehen hatte. Kurz vor seiner Abreise lud ihn Abdulla Sheth zu einer Abschiedsparty ein. Noch ehe den Gästen
das Essen serviert worden war, entdeckte Mohandas einen kleinen, versteckten Artikel im *Natal Mercury*, einer Zeitung, die
im Haus des Gastgebers herumlag. »Indisches Wahlrecht«, lautete die Überschrift. Der Text berichtete über eine Gesetzesvorlage, mit der das südafrikanische Parlament den Indern das
Wahlrecht aberkennen wollte. Die Nachricht war ein Schock
für die anwesenden Gäste.

※

Mohandas las den Zeitungsartikel ein zweites Mal. Der Text
ließ keinen Zweifel daran, dass die britische Kolonialregierung

die Gesetzesvorlage nicht erst seit gestern plante. Und dass in den zurückliegenden Wochen bereits mehrere Berichte dazu erschienen waren.

»Hat keiner die Artikel gelesen?«, fragte er.

Beklommen schüttelten die Gäste den Kopf.

»Es hat also auch keiner etwas von dem Gesetz mitbekommen?«

Abdulla Sheth zuckte mit den Schultern. »Wir haben uns um unsere Geschäfte gekümmert.«

»Und dazu lesen Sie keine Zeitung?«

»Natürlich, aber nur, um uns über die aktuellen Marktpreise zu informieren.«

Mohandas starrte ihn an. Er war sich nicht sicher, was ihn mehr schockierte: Abdulla Sheths Ahnungslosigkeit oder die mangelnde Bereitschaft, etwas daran zu ändern?

»Wenn dieses Gesetz beschlossen wird«, sagte Mohandas, »werden die Inder hier noch viel schlimmer diskriminiert.«

»Und wie sollen wir das verhindern?«, wollte Abdulla Sheth wissen.

Mohandas setzte zu einer Antwort an.

»Ich habe eine Idee«, kam ihm einer der Gäste zuvor. »Sie, Mr. Gandhi, bleiben einen Monat länger in Südafrika und werden uns zeigen, wie wir das Gesetz am besten verhindern können.«

»Eine hervorragende Idee«, stimmten die anderen Gäste zu. »Abdulla Sheth, Sie müssen dafür sorgen, dass Mr. Gandhi in Südafrika bleibt.«

Abdulla Sheth dachte nach. Sosehr er den Wunsch seiner Gäste nachvollziehen konnte, als Kaufmann plagte ihn ein ganz anderes Problem. »Mr. Gandhi ist Anwalt. Er wird für seine Dienste ein Honorar verlangen wollen.«

»Auf keinen Fall«, widersprach Mohandas.

Nur der Sache selbst hingeben, frei von Ängsten oder dem Streben nach persönlichem Erfolg.

»Wenn ich Ihnen dabei helfe, das Gesetz zu verhindern«, sagte er, »dann stelle ich mich in den Dienst aller Inder in Südafrika. Und für den Dienst an der Allgemeinheit darf es kein Honorar geben.« Er machte eine kurze Pause. »Allerdings werden andere Kosten entstehen, für Telegramme, Flugzettel, Gesetzesbücher sowie Reisen quer durchs Land.«

»Die Kosten dafür werden wir übernehmen«, versprachen die Gäste, die das Abschiedsessen längst vergessen hatten. »Und alle Inder Südafrikas stehen Ihnen mit Rat und Tat zur Seite. Bitte, bleiben Sie bei uns. Wir sind überzeugt, nur Sie können uns helfen.«

»Na gut«, willigte Mohandas ein, »ich bleibe vier weitere Wochen.«

Als er an diesem Abend in seine Unterkunft zurückkehrte, reifte in ihm bereits ein Plan, mit dem er das Gesetz zur Unterdrückung der Inder in Südafrika verhindern wollte.

✳

In den darauffolgenden zwei Wochen unternahmen Freiwillige die beschwerliche Reise durch die südafrikanischen Provinzen, um bei den Indern in den Dörfern 10 000 Unterschriften zu sammeln. Mohandas schickte diese Unterschriftenliste mitsamt einem sorgfältig formulierten Beschwerdebrief an den britischen Kolonialminister. 1 000 weitere Kopien dieser sogenannten Petition ließ er an das Volk und an die südafrikanische Presse verteilen. Auch die Zeitungen in England erhielten Abzüge. Die *Times* in London unterstützte die indischen Forderungen.

Dies war ein erster Erfolg für Mohandas, allerdings ein bedeutungsloser: Das britische Parlament in Südafrika zeigte sich nur wenig beeindruckt von seiner Petition. Nach vier Wochen war klar: Um das geplante Gesetz zu verhindern, waren weitere, vor allem aber größere Anstrengungen notwendig. Dazu musste Mohandas seine Heimreise nach Indien erneut verschieben. Er bezog ein Haus außerhalb von Durban in der Region Natal. Dort erlaubte er sich mit einem Koch und einem Gesellschafter sogar wieder einen höheren Lebensstandard. Nur so glaubte er, als Aktivist und Anwalt ernst genommen zu werden.

Als Anwalt wollte er sich nebenher seinen Lebensunterhalt verdienen. Als er jedoch am Gerichtshof seine Zulassung beantragte, wurde diese vom Juristenverein abgelehnt – weil er ein Farbiger sei. Mohandas legte Widerspruch ein. Zur Überraschung aller erklärte der oberste Richter, dass das Gesetz nicht zwischen Weißen und Farbigen unterscheide. Mohandas' Zulassung als Anwalt sei rechtens. Diese Nachricht ging wie ein Lauffeuer durch die Zeitungen. Schon bald war Mohandas bekannt in ganz Südafrika – als erster »farbiger« Anwalt, der eine Zulassung erhalten hatte.

✳

Erfreut legte Mohandas seinen Eid als Anwalt ab. Danach wies ihn der Richter darauf hin, ab sofort doch bitte die entsprechenden Kleidungsvorschriften für Anwälte zu beachten. Dazu müsse er auch seinen Turban absetzen. Diesmal nahm Mohandas die Kopfbedeckung ohne zu zögern ab. Er wollte seine Kräfte für die kommenden Kämpfe schonen.

Er wusste allerdings: Alleine mit ein paar Freiwilligen würde er kaum etwas gegen die Übermacht der britischen Kolonialherren ausrichten können. Getreu der Devise *Gemeinsam sind wir stark* regte er den Zusammenschluss aller Inder in Südafrika an, egal, ob sie Hindus, Muslime, Parsen oder Christen waren. Mit Abdulla Sheth und anderen indischen Kaufleuten gründete er am 22. Mai 1894 den Natal Indian Congress (NIC). Die Führung des NIC wurde Mohandas übertragen.

Als Einziger sprach er fließend Englisch. Er engagierte sich wie kein anderer voller Leidenschaft für die indischen Interessen. Und mit dem Erreichen der Zulassung als Anwalt hatte er sogar schon einen ersten großen Erfolg verbucht. Dieser Erfolg hatte ihm so viel Selbstvertrauen eingeflößt, dass ihn sogar öffentliche Auftritte nicht mehr einschüchterten. Diese waren nötig, um weitere Mitglieder für den NIC zu werben, denn eine wirkungsvolle Interessenvertretung durfte nicht nur aus indischen Kaufmännern bestehen. Es erwies sich allerdings als schwierig, die Kontraktarbeiter und Kulis in den Dörfern und auf den Zuckerrohrplantagen für den NIC zu gewinnen. Ihnen fehlte nicht nur Geld für eine Beitragszahlung, sondern auch das Verständnis für einen Verein dieser Art.

Dies änderte sich in dem Moment, als ein Kuli namens Balasundaram in Mohandas' Anwaltskanzlei stürzte, blutüberströmt, schluchzend, in zerrissener Kleidung – und seine Kopfbedeckung demütig in der Hand.

Ein Kuli war in Südafrika rechtlos wie ein Sklave. Sein Dienstherr durfte mit ihm tun und lassen, was er wollte.

»Was ist mit Ihnen geschehen?«, fragte Mohandas erschrocken.

Balasundarams Worte gingen in einem Schluchzen unter. Tränen und Blut verschmierten sein Gesicht.

»Jetzt beruhigen Sie sich doch und setzen Sie sich.«

Balasundaram blieb stehen und jammerte weiter vor sich hin.

»Ich kann kein Wort verstehen«, sagte Mohandas. »Versuchen Sie, etwas ruhiger zu atmen.«

Langsam normalisierte sich Balasundarams Zustand. »Mein … mein Herr … er hat mich verprügelt«, stammelte er, »und … sehen Sie, Sir, er hat mir zwei Zähne ausgeschlagen.«

»Warum hat er das getan?«

»Er glaubt, ich … ich sei zu langsam.«

»Und deshalb hat er Sie heute geschlagen?«

»Nicht nur heute, Sir, auch …«

»Er hat Sie nicht zum ersten Mal misshandelt?«

Beschämt senkte Balasundaram seinen Blick. Er klammerte sich an seinen Turban, als hielte nur der ihn noch auf den Beinen. »Ich … ich halte das nicht mehr aus, Sir, aber … aber ich weiß nicht, was ich tun soll.«

»Ich werde Ihnen helfen.«

»Oh, danke, Sir …«

»Aber nennen Sie mich nicht mehr Sir!«, unterbrach Mohandas. »Und bitte, setzen Sie Ihre Kopfbedeckung wieder auf.«

»Aber …«

»Nun machen Sie schon. Ich will nicht, dass sich einer meiner Landsleute derart vor mir erniedrigt.«

Mohandas schickte den Kuli zu einem Arzt und ließ ein Attest über die Verletzungen erstellen. Damit forderte er vor Gericht keine Bestrafung des Dienstherrn, sondern den Wechsel Balasundarams zu einem anderen Arbeitgeber. Der Richter folgte diesem Vorschlag. Erneut war es Mohandas gelungen, einen langwierigen, unschönen Gerichtsprozess zu vermeiden.

Ich hatte gelernt, an die bessere Seite der menschlichen Natur zu appellieren und zu den Herzen der Menschen vorzudringen. Ich begriff, dass die wahre Funktion eines Anwalts darin besteht, die zerstrittenen Parteien zusammenzuführen.[11]

Sein Erfolg sprach sich unter den anderen Kulis Südafrikas herum. Immer mehr von ihnen suchten Mohandas' Hilfe. Schon bald galt er auch als ihr Fürsprecher. Auf diese Weise konnte er sie für den NIC gewinnen und hatte schon bald Inder verschiedener Religionen und Kasten an einem Tisch vereint: Hindus, Muslime, Parsen, Christen, Kaufleute, Angestellte, Kulis. Er verlangte von ihnen, dass sie jederzeit die Wahrheit sagten. Zudem sollten sie sich regelmäßig waschen und für Hygiene in ihren Häusern und auf den Straßen sorgen. Nur so, wurde er nicht müde zu erklären, würde das Ansehen der Inder in Südafrika steigen, könnten sie Vorurteile aus der Welt räumen, würden sie die Gleichberechtigung erhalten.

Als wollte die südafrikanische Regierung seine Versprechen Lügen strafen, plante sie ein weiteres Diskriminierungsgesetz: Indische Kontraktarbeiter sollten eine jährliche Kopfsteuer von 25 Pfund (cirka 35 Euro) entrichten. Damit wollten die Briten verhindern, dass die Kulis nach Ablauf ihres Vertrags in Südafrika blieben. Der NIC organisierte eine Kampagne, die dazu führte, dass die Kopfsteuer auf 3 Pfund pro Jahr herabgesetzt wurde. Für Mohandas war die Situation nach wie vor ein Ding der Unmöglichkeit, verdiente doch ein normaler Arbeiter, der Frau und Kinder zu versorgen hatte, vierzehn Schilling pro Monat (etwa 0,05 Pfund). Das reichte einer Familie gerade mal zum Überleben. Wie sollte sie davon noch die Kopfsteuer bezahlen können?

Er beschloss, seinen Kampf bis zur Abschaffung der Kopfsteuer fortzuführen. Bis das Wahlrecht für Inder gesichert war. Bis es keine Diskriminierung seiner Landsleute in Südafrika mehr gab. Er wusste, es würde ein schwieriger, vor allem aber langer Kampf werden. 1896, drei Jahre nachdem er seine Familie verlassen hatte, reiste er zurück nach Indien. Er wollte seine

Frau und Kinder abholen, um sich mit ihnen auf unbestimmte Zeit in Südafrika niederzulassen.

*

Mohandas blieb nur wenig Zeit für ein Wiedersehen mit seiner Familie. Inzwischen hatten auch Indiens Zeitungen über sein Engagement in der Ferne berichtet. Er wollte seine Bekanntheit nutzen, um die indische Öffentlichkeit auf die Diskriminierung ihrer Landsleute in Südafrika aufmerksam zu machen. Mohandas verfasste einen Bericht, in dem er seine eigenen Erfahrungen schilderte. Das Schreiben wurde in einer Auflage von 10 000 Exemplaren gedruckt und an alle Zeitungen und Persönlichkeiten Indiens verschickt. Weil es einen grünen Umschlag hatte, bekam es den Namen das »Grüne Pamphlet«.

Mohandas traf sich mit Nationalisten, die auch in Indien einen Kampf gegen die Unterdrückung durch die britischen Kolonialherren anstrebten. Der berühmte Anwalt Pherozeshah Mehta, der ihm einst geraten hatte, die Beleidigungen der Engländer stillschweigend zu ertragen, organisierte in Bombay eine Kundgebung zu Ehren von Mohandas Karamchand Gandhi. Unzählige Menschen folgten Methas Einladung.

Bei aller Routine, die er mittlerweile besaß – vor einer derart großen Menge eine Rede zu halten, verunsicherte Mohandas. Seine Stimme wurde mit jeder Minute leiser, bis er gar kein Wort mehr über die Lippen brachte. Einer von Mehtas Freunden musste die Rede zu Ende lesen. Das änderte allerdings nichts an der Begeisterung des Publikums. Von diesem Erfolg angespornt, reiste Mohandas durch Indien, um bei Politikern und Gelehrten um Unterstützung für die südafrikanischen Inder zu werben. Einige bat er sogar, ihn nach Südafrika zu begleiten.

Nicht alle waren angetan von seinem Vorschlag. »Mr. Gandhi«, sagte einer der Gelehrten, »haben Sie eine Ahnung, wie es den Indern im eigenen Land ergeht?«

»Ich habe es am eigenen Leib erfahren.«

»Warum wollen Sie dann unseren Leuten in Südafrika helfen?«

»Weil sie in Schwierigkeiten sind.«

»Sicherlich sind sie in Schwierigkeiten«, pflichtete ihm der Gelehrte bei, »aber ich halte gar nichts davon, dass jemand wie Sie für die Inder in Südafrika kämpft.«

»Was sollte ich Ihrer Meinung nach stattdessen tun?«

»Kämpfen Sie für Ihre Landsleute in Indien. Wenn Sie für sie die Unabhängigkeit erreichen, werden auch die Inder in Südafrika davon profitieren.«

Mohandas schüttelte den Kopf.

Es ist besser, wenn man eine Aufgabe mit aller Kraft zu Ende bringt, selbst wenn man erfolglos dabei bleibt, als wenn man viele Aufgaben übernimmt, von denen man keine einzige zu Ende bringt.

Im Dezember 1896 erreichte ihn ein dringendes Telegramm aus Durban. Er brach seine Indienrundfahrt ab und trat mit seiner Frau Kasturbai und seinen beiden Söhnen die Reise nach Südafrika an.

Während der 18-tägigen Schiffsreise brachte er seiner Familie »die Zeichen der Zivilisation« bei. Dazu gehörten das Essen mit Messer und Gabel und das Tragen europäischer Kleidung wie Schuhe und Socken. Weil in der Zwischenzeit die Pest in Bombay ausgebrochen war, wurde das Schiff bei seiner Ankunft in Durban unter Quarantäne gestellt. Keiner der Passagiere durfte von Bord gehen.

Unter den Briten im Hafen formierte sich Protest. In wiederholten Demonstrationen verlangten sie, dass das Schiff zurück nach Indien geschickt werden sollte. Sie drohten, die Reisenden im Meer zu ertränken. Nach 21 Tagen wurde die Quarantäne aufgehoben. Die britischen Demonstranten blieben im Hafengelände versammelt. Sie wussten, dass sich unter den Passagieren auch ein gewisser Mohandas Karamchand Gandhi befand. Sein »Grünes Pamphlet« hatte sich auch in Südafrika herumgesprochen und ihren Zorn entfacht.

Seine Frau und seine Kinder gelangten mit einer Rikscha unbehelligt in die Stadt. Er dagegen wurde von der aufgebrachten Meute entdeckt, als er von Bord des Schiffes ging. »Dort ist er!«, riefen die Leute. »Dort ist Gandhi!« Sie bewarfen ihn mit Steinen, Ziegeln und faulen Eiern. Jemand riss ihm den Turban ab. Andere schlugen und traten auf ihn ein.

»Verbrennt diesen Gandhi!«, brüllten sie, während er sich kaum noch auf den Beinen halten konnte. »Erhängt ihn!«

Zufällig war die Frau des Polizeiinspektors in der Nähe des Geschehens. Sie erkannte Gandhi und hielt den wütenden Mob mit ihrem Sonnenschirm auf Distanz. Unter Polizeischutz wurden die beiden aufs Revier begleitet, von wo es Gandhi nur in Verkleidung eines Polizisten nach Hause schaffte. Als der Kolonialminister ihm eine Bestrafung der Angreifer anbot, lehnte Gandhi ab. Nichts lag ihm bekanntlich ferner als Rache.

Diese Entscheidung bekräftigte er noch einmal öffentlich in einem Interview mit der Zeitung *Natal Advertiser*. Seine Weigerung, Anzeige zu erstatten, hob das Ansehen der Inder und erleichterte Gandhis Arbeit.

Immer mehr Mitglieder traten dem Natal Indian Congress bei. Nach einiger Zeit verfügte der NIC über ein Kapital von fast 5000 Pfund. Dieses Geld verhalf Gandhi und seinen Mitstreitern zu einer Reihe neuer Protestaktionen: Sie schrieben offene Briefe an die Briten, reichten Petitionen ans Parlament oder durchliefen kostspielige Gerichtsverfahren. Doch bei allem Erfolg, den er beruflich hatte, verspürte er privat nach wie vor Unzufriedenheit. Noch mehr als bisher wollte er sein Leben vereinfachen.

*

Gandhi pflegte einen europäischen Lebensstil. Dennoch wollte er seine einst in London begonnene Bescheidenheit fortführen. Kasturbai beispielsweise musste lernen, die Wäsche zu waschen, eine Aufgabe, die in Indien normalerweise niederkastige Angestellte übernahmen. Gandhi selbst kümmerte sich um die Stärkung seiner Hemdkragen. Nicht immer fand er dabei die richtige Dosierung. Einmal bröckelte während einer Gerichtsverhandlung das Stärkepulver von seinem Hemd, sehr zur Erheiterung seiner Kollegen. Ihr Lachen störte ihn nicht. Auch nicht, als sie sich über seine Haare lustig machten, weil er nicht mehr zum Friseur ging, sondern sich selbst und seiner Familie die Haare schnitt.

Erst als er von seiner Frau verlangte, auch die stinkenden Toiletteneimer zu entleeren, was sonst nur Kastenlose erledigten, protestierte Kasturbai. Gandhi, der in solchen Augenblicken wieder zum strengen Ehemann wurde, setzte seinen Willen durch.

Er selbst kämpfte mit einem ganz anderen Dilemma. So leicht es ihm fiel, sich im Alltag in Enthaltsamkeit zu üben – beim Sex kannte er nach wie vor keine Zurückhaltung. Deshalb wollte er zukünftig auch beim Sex enthaltsamer leben. Nicht immer blieb er seinem Vorsatz treu. 1897 wurde sein dritter Sohn Ramdas geboren, im Mai 1900 sein vierter Sohn Devdas.

Dass dabei kein Arzt zur Stelle war und Gandhi die Aufgaben der Hebamme übernehmen musste, stellte kein Problem für ihn dar, bestimmt aber für seine Frau. Aber das war ihm scheinbar nicht so wichtig. Wohl aber seine mangelnde Selbstdisziplin.

Weil vier Kinder seiner Meinung nach sowieso mehr als genug waren, versuchte er sich und seine Lust noch besser unter Kontrolle zu halten. Kasturbai und er schliefen in getrennten Betten. Und Gandhi ging erst dann ins Bett, wenn er von seiner Arbeit so erschöpft war, dass er keinen Gedanken mehr an Sex verschwenden konnte.

In dieser Zeit setzte er sich auch wieder mit den Religionen und ihrem Verständnis von Gott auseinander. Wiederholt hatten Freunde und Bekannte ihn von ihren Glaubensrichtungen zu überzeugen versucht. Abdulla Sheth wollte ihn für den Islam gewinnen. Und die Christen, die Gandhi in Südafrika kennenlernte, erklärten: »Du erlangst nur dann Erlösung, wenn du ein Christ wirst.«

Gandhi äußerte seine Zweifel. Die Christen reagierten reserviert. Jesus sei der einzige fleischgewordene Sohn Gottes, und nur wer an ihn glaube, werde in den Himmel kommen.

Weil sie so überzeugt von ihrem Glauben waren, ließ sich Gandhi zum Besuch des Sonntagsgottesdienstes überreden. Zu seinem Erstaunen wirkte die christliche Gemeinde, die sich in der Kirche traf, nicht besonders religiös auf ihn. Statt frommer Gebete tauschten die Menschen Erlebnisse ihrer täglichen Arbeit aus, plauderten über Kindeserziehung, Küchenrezepte und ihre Pläne für den Sonntagnachmittag. Für Gandhi glich die Versammlung einem vergnügten Urlaubstag, den die Leute nur deshalb in der Kirche abhielten, weil sie es nun mal nicht anders gewohnt waren.

In diesem Urteil bestärkte ihn ausgerechnet das Buch eines überzeugten Christen. Der russische Schriftsteller Leo Tolstoi, geboren 1828, hatte mit Romanen wie »Anna Karenina« und »Krieg und Frieden« bedeutende Werke der Weltliteratur verfasst. Doch der Erfolg alleine stellte ihn nicht zufrieden. Es störte ihn, dass der Lebenswandel der meisten Christen nichts mit den Lehren Jesu zu tun hatte. Menschen zum Beispiel, die Krieg führten, würden gegen alle christlichen Prinzipien verstoßen. Seit Urzeiten würden sich die Menschen mit »Friede sei mit dir« begrüßen, doch tatsächlich lösten fast alle christlichen Nationen Europas ihre Probleme nur mit Krieg.

Tolstoi zitierte die Bergpredigt, die einst schon Gandhi beeindruckt hatte.

In seinem Buch »Das Reich Gottes ist in euch« schrieb Tolstoi, wer dem Bösen widerstehe, der mache sich nicht nur selbst frei von allem Bösen, sondern biete dem Bösen keinen Angriffspunkt. Auf diese Weise helfe er, die Welt früher oder später von allem Bösen zu befreien.

Seit seinem 57. Geburtstag lebte Tolstoi, was er predigte. Er hatte seine Besitztümer seiner Frau und seinen Kindern geschenkt, sich aufs Land zurückgezogen, wo er barfuß ging, die schlichte Kleidung der Bauern trug, nicht rauchte, kein Fleisch mehr aß und sich um die Bildung der einfachen Leute kümmerte. »Er fand es unerträglich, dass im Herrenhaus viel Mühe auf exquisite, raffinierte Speisen verwandt wurde, während ringsum bittere Armut und periodisch immer wieder Hunger herrschten.«[12]

Für Gandhi war das gewaltfreie, enthaltsame, naturverbundene Leben des russischen Schriftstellers die Summe aller Weisheiten aus der Bhagavadgita, aus der »Leuchte Asiens« und aus der Bergpredigt.

Endlich glaubte er zu verstehen: Ein Kampf gegen die Diskriminierung durch die Briten war nur erfolgreich, wenn er sich der Wahrheit verpflichtete, tugendhaft, enthaltsam und ohne Gewalt. Nur dann würde er, ganz im Sinne von Tolstoi, nicht nur sich selbst frei machen, sondern auch helfen, die Menschen als solche von aller äußeren Macht zu befreien.

※

Etwa zur gleichen Zeit eskalierte der Konflikt zwischen den Briten und den Buren im Oranje-Freistaat sowie in der Republik Transvaal. Schon seit ihrer Landung auf dem afrikanischen Kontinent strebten die Engländer mit dem sogenannten Kap-Kairo-Plan ein großes britisches Kolonialreich an, das von Südafrika bis Ägypten reichen sollte. Eine Eisenbahnlinie war in gedanklicher Planung, die Kapstadt mit Kairo verbinden sollte. Dafür waren ihnen die beiden niederländischen Freistaaten im Weg.

Als dort Ende des 19. Jahrhunderts große Diamant- und Goldvorkommen entdeckt wurden, zogen Tausende Goldgräber aus den britischen Kolonien in die burischen Republiken. Innerhalb kürzester Zeit stellten sie dort zwei Drittel der Bevölkerung. Trotzdem verweigerten die Niederländer diesen »Uitlanders« (Ausländern) die politische und rechtliche Gleichstellung.

Die Briten erklärten den Burenstaaten den Krieg, angeblich um für die Rechte der Ausländer zu kämpfen.

In Wahrheit ging es um den Kap-Kairo-Plan – und natürlich um die Kontrolle über die Bodenschätze. Doch während der ersten Kriegstage standen nur 15 000 britische Soldaten unter dem Kommando von General Redvers Buller knapp 40 000 Buren gegenüber. Die ersten Kriegsschlachten waren schnell entschieden.

Obwohl sich Gandhi gerade erst der Gewaltlosigkeit verpflichtet hatte, rief er alle Inder dazu auf, die Briten im Krieg zu unterstützen. Weil sie eine Gleichstellung mit den britischen Bürgern forderten, war es seiner Meinung nach auch ihre Pflicht, bei der Verteidigung des Britischen Empires mitzuhelfen. 300 freie Inder und fast 700 Kontraktarbeiter und Kulis folgten seinem Aufruf und bildeten ein Ambulanzkorps, dessen Aufmarsch von den Briten nur belächelt wurde. Sie hielten die Inder für feige und unfähig zu einem Risiko, das über ihr eigenes Interesse hinausreichte. Als die Buren allerdings weitere Schlachten gewannen, wurden auch die Inder an die Front bestellt. Zur Überraschung aller schlugen sie sich tapfer. Gandhi ging mit gutem Beispiel voran.

Für ihren unermüdlichen Einsatz im Burenkrieg lobte man die Inder vielfach, Gandhi und andere Anführer des Ambulanzkorps wurden sogar mit Medaillen ausgezeichnet. Es gab keine Zweifel mehr, die Inder hatten sich als vollwertige Mitglieder des Britischen Empires bewiesen. Gandhi war optimistisch, dass die Briten seiner Forderung nach Gleichberechtigung endlich nachkommen würden. Sein Kampf in Südafrika war beendet. Nun wollte er nach Indien zurückkehren, um sich dort den Problemen seiner Landsleute zu stellen. Um ein Haar musste er seine Heimreise ohne Frau und Kinder antreten.

Bei etlichen Dankes- und Abschiedsfeiern hatten Gandhi und seine Ehefrau zahlreiche Geschenke aus Gold, Silber und Diamanten bekommen. Gandhi wollte die Kostbarkeiten zurückgeben.

Nur der Sache selbst hingeben, frei von Ängsten oder dem Streben nach persönlichem Erfolg.

»Ich möchte den Schmuck behalten«, erklärte Kasturbai.
Er sah seine Frau überrascht an. »Was willst du damit?«
»Ich?« Sie winkte ab. »Ich will den Schmuck nicht für mich.
Du weißt doch, ich lebe das enthaltsame Leben, das du von
mir verlangst.«
»Und weshalb möchtest du den Schmuck dann behalten?«
»Für die Hochzeiten deiner Söhne. Du weißt, wie kostspie-
lig die Feierlichkeiten werden. Deshalb lass uns den Schmuck
als Geschenke für unsere zukünftigen Schwiegertöchter behal-
ten.«
»Sobald unsere Söhne heiraten, werde ich ihren Ehefrauen
Schmuck kaufen«, sagte Gandhi.
Kasturbai lachte. »Wie lange sind wir verheiratet?« Sie warte-
te seine Antwort nicht ab und sagte: »Sehr lange. Und deshalb
kenne ich dich besser als jeder andere Mensch auf dieser Welt.
Aus diesem Grund weiß ich, dass du deinen Schwiegertöch-
tern niemals Schmuck kaufen wirst. Deshalb behalte ich den
Schmuck, den man übrigens mir geschenkt hat, nicht dir.«
»Das mag sein«, gab Gandhi zu, »aber hat man ihn dir für
deine oder für meine Arbeit geschenkt?«
Seine Ehefrau wurde wütend. »Ja, er wurde mir für deine
Arbeit geschenkt. Aber es war genauso meine Arbeit. Denn ich
habe dich Tag und Nacht dabei unterstützt. Schon immer.«
»Und ich habe dir schon immer gesagt, wir leben ein Leben
des Dienens. Und das Dienen trägt seinen Lohn in sich.«
Kasturbai kämpfte gegen die Tränen an.
»Du lebst ein Leben des Dienens und zwingst alle, dass sie
genauso leben. Deine Söhne und ihre künftigen Familien sollen
ebenso enthaltsam leben wie du, du erwartest Gehorsam und
Unterstützung. Du behandelst mich wie eine Sklavin.«
Die Streitigkeiten setzten sich einige Tage fort, bis Gandhi

der Kragen platzte. »Mir reicht's, hör in meinem Haus endlich auf herumzujammern.«

»Dann werde glücklich in deinem Haus«, schrie seine Frau, »aber es ist nicht länger mein Haus. Ich gehe.«

Da packte Gandhi sie tatsächlich am Arm und zerrte sie zur Tür, um sie hinauszuwerfen.

»Schäm dich!«, schimpfte sie unter Tränen. »Willst du mich wirklich auf die Straße setzen? Du weißt genau, dass ich hier keine Familie habe, die mich aufnehmen kann. Wo soll ich hingehen?«

Beschämt hielt er inne. Wenn seine Frau ihn nicht verlassen konnte, so konnte er sie ebenso wenig verlassen. Ende 1901 traten sie gemeinsam die Heimreise an – ohne Schmuck. Wieder hatte sich Gandhi durchgesetzt.

Kapitel 5

Ein neues Talent

Erfolgreicher Anwalt in Indien, 1901–1902

In seiner Heimat wurde Gandhi mit Bewunderung empfangen. Indische Zeitungen druckten die Berichte, die er regelmäßig über die Zustände in Südafrika und seine Erfahrungen im Kampf um Gleichberechtigung verfasste. Indische Politiker schätzten ihn als Sprecher der indischen Minderheit Südafrikas und luden ihn zur Teilnahme an der Jahresversammlung des Indischen Nationalkongresses (INC) ein.

Der Nationalkongress war eine 1885 von Hindus und Muslimen gegründete Bewegung, die sich bei den britischen Kolonialherren für die Belange der indischen Bevölkerung einsetzte und mehr politisches Mitspracherecht forderte.

Gandhi sollte eine Rede vor den 2300 Abgeordneten und fast ebenso vielen Besuchern halten. Die Einladung war ihm Freude und Ehre zugleich. Doch schon während der Vorbereitungen zur Kongressversammlung stellte sich Ernüchterung bei ihm ein. Zwar gab es eine Vielzahl freiwilliger Mitarbeiter, die bei der Ausrichtung der Versammlung helfen wollten, doch jeder von ihnen tat nur, was ihm beliebte. Einfache Tätigkeiten, die von einer Person hätten übernommen werden können, wurden von mehreren Leuten erledigt. Um wichtige Arbeiten kümmerte sich keiner. Zudem waren die hygienischen Zustände für Gandhi schockierend. Müll wurde einfach auf den Straßen abgeladen, wo er verrottete und Ungeziefer anzog. Die wenigen Toiletten, die zur Verfügung standen, waren nach kurzer Zeit schmutzig, verstopft und stanken zum Himmel. Niemand fühlte sich für die Reinigung verantwortlich. Auch nicht die Abgeordneten, die nicht einmal die Toiletten benutzten. Stattdessen erledigten sie ihre Notdurft nachts auf der Veranda vor ihrem Zimmer.

Gandhi fand die hygienischen Zustände in seiner Heimat fast noch schlimmer als in Südafrika. Doch wann immer er einen der Freiwilligen auf die Missstände hinwies: Niemand fühlte sich verantwortlich.

Als eine noch größere Enttäuschung entpuppte sich die Kongressversammlung. Auf Gandhi wirkte sie nur wie eine Sitzung wohlgenährter Senioren, die in prunkvollen Anzügen ihren privilegierten Status als Politiker genossen, anstatt sich tatsächlich für die Belange der indischen Bevölkerung einzusetzen. Einmütig stimmten sie über Anträge und Resolutionen ab, obwohl viele Mitglieder diese oft nicht diskutiert, nicht einmal gelesen hatten. Ein Gutes hatte Gandhis Teilnahme aber doch: Er lernte Gopal Krishna Gokhale kennen.

Gopal Gokhale, geboren 1866 in armen Verhältnissen, wurde als einer der ersten Inder an einem britischen College ausgebildet. Er war Führungsmitglied des INC, war als Buchautor und Politiker erfolgreich und blieb dennoch zeit seines Lebens bodenständig. Er engagierte sich gegen Rassismus und das Kasten-System und er setzte sich für Bildung und die indische Unabhängigkeit ein. Anders als Gandhi verstand er sich jedoch nicht als Kämpfer. Er sah sich stattdessen in der Rolle eines Mentors, der nach jungen, gebildeten Indern Ausschau hielt, sie inspirierte und förderte, damit sie in Zukunft den Kampf für ein neues Indien übernahmen.

In Gandhi glaubte Gokhale eine dieser aufstrebenden Führungspersönlichkeiten erkannt zu haben. Er lud ihn zu sich nach Hause ein.

Gandhi blieb vier Wochen, in denen er voller Erstaunen erlebte, wie bedingungslos und konsequent Gokhale sich und sein Leben in den Dienst der indischen Bevölkerung gestellt hatte. Rund um die Uhr galt seine einzige Sorge der großen Armut und der Unterdrückung seiner Landsleute durch die britischen Kolonialherren. Niemals beklagte er sich über die viele Arbeit und ein Honorar verlangte er dafür ebenso wenig.

Nur der Sache selbst hingeben, frei von Ängsten oder dem Streben nach persönlichem Erfolg.

Wenn Leute zu ihm kamen, die einen Rat zu anderen Problemen wollten, schickte Gokhale sie wieder nach Hause. Seine Arbeit galt einem einzigen Ziel: der Freiheit Indiens. Erst wenn diese erreicht sei, so ließ er jeden wissen, könne man über andere Dinge reden.

Gandhi war zutiefst beeindruckt, lebte Gokhale doch streng nach all jenen Prinzipien, die er auch für sich und sein Leben auserkoren hatte.

Gokhale wiederum lobte Gandhis unermüdlichen Einsatz, seine Opferbereitschaft, Ausdauer, Sauberkeit und Pünktlichkeit. Gokhale schlug ihm vor, sich mit einer eigenen Anwaltskanzlei in Bombay niederzulassen.

Gandhi schwieg erstaunt.

»Nun schauen Sie mich nicht so an!«, lachte Gokhale. »Ich finde die Idee hervorragend.«

»Nun ...«

»Nun«, fiel ihm Gokhale ins Wort, »als Anwalt in Bombay

können Sie Ihren Landsleuten helfen, das ist es doch, was Sie wollen, oder nicht?«

»Aber ja.«

»Außerdem können Sie mir bei meiner Arbeit zur Seite stehen, eine wichtige Arbeit, das sollte Ihnen klar sein.«

»Ich fühle mich geschmeichelt, dass Sie mir das zutrauen, aber…« Gandhi zögerte. Ihm war nicht wohl bei dem Gedanken, sich erneut als Anwalt in Indien niederzulassen, nicht in einer kostspieligen Stadt wie Bombay, erst recht nicht für einen berühmten Mann wie Gokhale. Zu tief saß in Gandhi die Enttäuschung über seinen einstigen Misserfolg, vor allem aber über die Intrigen, die zu seinem Scheitern geführt hatten. Und auch jetzt verspürte er keinerlei Lust, sich Aufträge nur durch Schmeicheleien, Provisionen und Bestechungen zu beschaffen.

Deshalb begann er vorerst in seiner Heimatstadt Rajkot als Anwalt zu arbeiten. Obwohl er es verabscheute, gelangte er auch dort anfangs nur durch Freunde an Aufträge. Nachdem er einige Prozesse gewonnen hatte, nahm er schließlich seinen Mut zusammen und zog doch nach Bombay. Seine Kanzlei entwickelte sich mit Erfolg, auch dank der Fürsprache von Gokhale. Regelmäßig besuchte er Gandhi, hielt ihn über seine Pläne auf dem Laufenden und stellte ihm politische Weggefährten vor. Nach einiger Zeit begann sich Gandhi heimisch zu fühlen.

Da erreichte ihn ein Telegramm aus Südafrika: »Chamberlain hier erwartet. Bitte sofort kommen.«

Als Gandhi den afrikanischen Kontinent vor einem Jahr verlassen hatte, war er guter Dinge gewesen. Doch trotz ihrer verdienstvollen Einsätze während der Burenkriege war den Indern in Südafrika die Gleichberechtigung verweigert worden. Der Besuch des britischen Kolonialministers Joseph Chamberlain bedeutete deshalb eine große Chance. Endlich konnten die Inder ihre Forderungen persönlich an höchster Stelle vorbringen. Gandhi sollte als Sprecher einer indischen Abordnung dabei helfen. Er ahnte, dass sein Aufenthalt in Südafrika nicht von kurzer Dauer sein würde. Er kündigte sein Büro in Bombay und trat die Reise an, vorerst ohne seine Familie.

Kapitel 6

Das Leben der einfachen Menschen

Geburt der Satyagraha in Südafrika, 1902–1915

»Verlorene Liebesmüh.« Mit diesen Worten fasste Gandhi das Gespräch zusammen, das er mit Joseph Chamberlain in Durban hatte führen dürfen. Zwar hatte der britische Kolonialminister ihm für einige Minuten seine Aufmerksamkeit geschenkt und sogar zugegeben, dass die Beschwerden, die Gandhi ihm vortrug, der Wahrheit entsprachen. Zugleich betonte er aber, keinerlei Einfluss auf die selbst regierten Kolonien zu haben. Gandhi begann zu begreifen: Nichts würde sich an der Situation der Inder in Südafrika, den Vorurteilen und ihrer Diskriminierung ändern. Zu seiner Überraschung richtete sich die Wut seiner Weggefährten gegen ihn. »Sie waren es, der uns zum Kriegseinsatz für die Briten gedrängt hat. Und was ist jetzt der Dank dafür?«

»Es gehört sich nicht, eine Belohnung zu erwarten …«

»Eine Belohnung wäre das Mindeste!«

»… denn es war nur unsere Pflicht, den Briten in dieser schweren Stunde beizustehen.«

»Und wann werden die Briten uns beistehen?«

»Ich glaube fest daran, dass jede gute Tat, die wir jetzt tun, irgendwann auch ihre Früchte tragen wird.«

Nur der Sache selbst hingeben, frei von Ängsten oder dem Streben nach persönlichem Erfolg.

Er versprach, ein zweites Mal mit dem Kolonialminister zu reden. Dessen nächstes Reiseziel lag in Transvaal. Die ehemalige Burenrepublik litt nach wie vor unter den Kriegsfolgen. Die Geschäfte waren geschlossen, es gab kaum Lebensmittel und Kleider. Nur wenigen Kriegsflüchtlingen war es erlaubt, nach Transvaal zurückzukehren, und auch nur dann, wenn sie einen Passierschein besaßen. Europäern wurde das Dokument ohne Probleme ausgestellt. Schwarze und Inder erhielten es nur mit Mühe – oder meist gar nicht. Windige Schleuser nutzten die Verzweiflung der Leute aus: Die Betrüger kassierten viel Geld und verschwanden damit auf Nimmerwiedersehen. Nur wer über Beziehungen verfügte, kam in den Besitz der wichtigen Papiere. Gandhi bat um Hilfe beim Polizeiinspektor von Durban. Dessen Ehefrau hatte ihn einst mit ihrem Sonnenschirm vor dem wütenden Mob im Hafen beschützt. Der Polizeiinspektor besorgte ihm einen Passierschein. Doch noch ehe Gandhi in Pretoria die Chance hatte, mit dem Kolonialminister zu reden, wurde er aufs Amt zitiert. »Der Passierschein ist nicht gültig«, erklärte der Beamte. »Denn er hätte Ihnen niemals ausgestellt werden dürfen.«

»Wie kommen Sie darauf?«

»Bezweifeln Sie etwa meine Worte?«

»Stören Sie sich an meinem Passierschein?«, fragte Gandhi. »Oder stören Sie sich an meiner Person?«

Der Beamte funkelte ihn zornig an. »Ich habe Ihnen gesagt, der Passierschein ist nicht gültig, haben Sie verstanden? Und ohne gültigen Passierschein sind Sie ein Illegaler in Transvaal. Ich muss Sie verhaften lassen, wenn Sie nicht von hier verschwinden.«

»Ich werde verschwinden«, versprach Gandhi. »Aber vorher werde ich mit Mr. Chamberlain reden.«

*Gandhis Ehefrau Kasturbai
mit den Söhnen, 1902.*

»Das werden Sie nicht. Vorher lasse ich Sie verhaften. Es sei denn, Sie verschwinden jetzt.«

Wortlos verließ Gandhi das Amt. Längst war ihm klar geworden, dass es bei diesem Disput weder um seinen angeblich falschen Passierschein noch um eine fehlende Aufenthaltserlaubnis gegangen war. Der einzige Grund seiner Ausweisung war er selbst gewesen. Die Briten hielten ihn für einen Unruhestifter, dessen Anwesenheit sie nicht länger in Transvaal dulden wollten. Deswegen beschloss er, sich jetzt erst recht als Anwalt hier niederzulassen.

Allen Zweifeln zum Trotz bekam er vom Obersten Gerichtshof in Transvaal eine Zulassung als Anwalt erteilt. Er eröffnete eine Kanzlei in Johannesburg. Kurze Zeit später trat ein befreundeter Inder an ihn heran und schlug ihm die Gründung einer mehrsprachigen Wochenzeitung vor.

Gandhi beteiligte sich nicht nur finanziell am Erscheinen der Zeitung. Als geübter Schreiber verfasste er auch den Großteil der Texte. *Indian Opinion*, so der Name der Zeitung, wurde zu einem wichtigen Bestandteil seines Alltags, zu seinem Sprachrohr im Kampf um Gleichberechtigung, zu einem »Spiegel meines Seelenlebens«, wie Gandhi es selbst formulierte. Mit seinen Artikeln bot er keine seichte Unterhaltung, stattdessen informierte er die Leser jede Woche über seine Gedanken, Sorgen, seine Pläne und Ziele.

Der junge Zeitungsredakteur Henry S.L. Polak war beeindruckt. Eines Abends sprach er Gandhi in seinem vegetarischen Lieblingsrestaurant an. Als dieser erfuhr, dass sich auch Polaks Leben durch Tolstois Bücher gewandelt hatte und er einen enthaltsamen Lebensstil anstrebte, war er hocherfreut.

Die beiden Männer lernten sich näher kennen und schätzen und Polak wurde einer der wichtigsten Mitarbeiter bei *Indian Opinion*. Das Erscheinen der Zeitung war jedoch schon bald gefährdet, weil sich die finanzielle Situation dramatisch verschlechterte. Gandhi investierte nicht mehr nur Geld, das er als Anwalt in Johannesburg verdiente, sondern auch sein Erspartes. Mit einer Reise zu den Mitherausgebern in Durban wollte er das leidige Geldproblem lösen.

Henry Polak verabschiedete ihn am Bahnhof. Als Reiselektüre gab er ihm »Unto This Last« mit. In diesem Buch kritisierte der britische Künstler, Schriftsteller und Sozialtheoretiker John Ruskin die Menschen, deren Leben sich nur um sich selbst, ihren Erfolg und das unstillbare Bedürfnis zur Vermehrung ihres Reichtums drehe. Er plädierte dafür, dass die Menschen nicht nach Wohlstand und Ruhm streben, sondern die einfachen Freuden des Lebens genießen. Nur wer mit sich selbst im Reinen sei, werde Glück, Stolz und Frieden finden.

Gandhi begann »Unto This Last« bei seiner Abreise in Johannesburg zu lesen. Er las ohne Pause bis zur Ankunft in Durban. Er klappte das Buch zu und verinnerlichte das Gelesene: Die Hervorhebung der individuellen Arbeit zum Wohle aller und die Ablehnung von Luxus wurden zu seinen Grundsätzen. »Ein Leben körperlicher Arbeit, das heißt das Leben eines Bauern und eines Handwerkers ist das lebenswerte Leben.«[13]

Alles, wovon Gandhi seit seiner Lektüre der Bhagavadgita, der Bergpredigt und der Bücher Tolstois überzeugt war, hatte Ruskin in seinem Buch auf den Punkt gebracht. Es veranlasste ihn, sein Leben zu verändern. Gleich bei seiner Ankunft in Durban wollte er damit beginnen.

※

Gandhi saß im Büro von Mr. West, dem Mitherausgeber des *Indian Opinion*. Ausführlich schwärmte er von »Unto This Last« und seiner Idee, die ihm bei der Lektüre des Buches gekommen war. »Wir sollten die Redaktion und Druckerei unserer Zeitung auf eine Farm verlegen.«

»Weshalb auf eine Farm?«, fragte Mr. West.

»Weil das Leben eines Bauern und eines Handwerkers das lebenswerte Leben ist.«

»Wir sind Journalisten.«

»Natürlich sind wir das«, pflichtete Gandhi bei, »aber verstehen Sie nicht? Auf dieser Farm wird keiner der Mitarbeiter bevorzugt behandelt, jeder erhält das gleiche Gehalt, und zwar nur so viel, wie er wirklich zum Leben braucht. Unser Essen erwirtschaften wir durch Ackerbau und unser Trinken erhalten wir aus den Brunnen. Und in der Freizeit wirkt jeder an einer unabhängigen Zeitung mit.«

Mr. West ließ sich den Vorschlag einige Minuten durch den

Gandhi (Mitte) als Rechtsanwalt vor seiner Kanzlei in Johannesburg, 1905.

Kopf gehen. Dann stimmte er zu. Innerhalb einer Woche erwarben sie in Phoenix, einem Vorort von Durban, ein 25 Hektar großes Grundstück mit einem verfallenen Landhaus, einer kleinen Quelle sowie Orangen- und Mangobäumen. Freunde und Handwerker, die er im Burenkrieg kennengelernt hatte, halfen Gandhi bei der Instandsetzung der Phoenix-Farm.

Henry Polak zeigte sich erfreut über die Wirkung, die seine Buchempfehlung auf Gandhi gehabt hatte. Er zog ebenfalls auf die Farm, die schon bald mit Familien, Hindus, Muslimen und Parsen den Charakter eines kleinen Dorfes annahm. Gandhi selbst konnte sich nicht ständig auf der Farm aufhalten. Die

Kanzlei in Johannesburg verlangte seine regelmäßige Anwesenheit. Nichtsdestotrotz versuchte er auch dort sein Leben ganz im Sinne Ruskins zu vereinfachen. Er schaffte einen Großteil seiner Möbel ab. Jede körperliche Arbeit erledigte er selbst – und verlangte dies auch von seiner Frau und seinen Söhnen. Kasturbai und die Kinder waren ihm inzwischen nach Südafrika gefolgt und lebten bei ihm in Johannesburg. Sie wuschen nicht mehr nur die Wäsche selbst, sie putzten das ganze Haus, einschließlich der Toiletten. Statt Brot beim Bäcker zu kaufen, begannen sie selbst ungesäuertes Schrotbrot zu backen.

Als in dem indischen Ghetto der Stadt, in dem Kulis auf engstem Raum ohne ausgebaute Straßen, Beleuchtung und sanitäre Einrichtungen zusammenlebten, die Pest ausbrach, leistete Gandhi Krankenhilfe. Weil die Inder in Panik gerieten, stand der Aufmarsch des britischen Militärs bevor. Es war Gandhis Verdienst, dass die Evakuierung seiner Landsleute in eine Zeltstadt vor den Toren Johannesburgs reibungslos über die Bühne ging. Sein Einsatz erhöhte nicht nur seinen Einfluss bei den armen Indern, fortan übernahm er auch mehr Arbeit und Verantwortung. Bis es zum Zulu-Aufstand kam.

Bis heute sind die Zulus die größte Ethnie Südafrikas. Nach wiederholten kriegerischen Auseinandersetzungen Mitte des 19. Jahrhunderts waren sie 1879 von den Engländern besiegt worden. Seitdem gehörte das Zululand, das die Küstengegend rund um Durban umfasste, zur britischen Kolonie. Immer wieder leisteten die Zulus Widerstand gegen die Briten. Der letzte große Zulu-Aufstand brach im April 1906 aus.

Gandhi erfuhr davon aus den Zeitungen. Obwohl er keinerlei Groll gegen die Zulus hegte, fühlte er sich auch diesmal dem Britischen Empire verpflichtet. Er gab seine Kanzlei in Johannesburg auf und brachte seine Familie auf der Phoenix-Farm in Sicherheit. Dann rief er die Inder erneut zu einem Ambulanzkorps zusammen. Sie erhielten britische Uniformen, Gandhi wurde zum Feldwebel erklärt, drei seiner Landsleute zu Sergeanten, einer zum Korporal, was sie mit Stolz erfüllte.

Als sie jedoch den Schauplatz des Aufstandes erreichten, um die Verletzten zu versorgen, musste Gandhi erkennen, dass es gar keinen Aufstand gab, nur einen Streit um eine Steuerzahlung, die ein Oberhaupt der Zulus für sein Volk verweigerte. Dabei war ein britischer Steuereintreiber erstochen worden. Die britischen Truppen gingen daraufhin mit unerbittlicher Härte gegen die Zulus vor. 600 Zulus wurden während eines grausamen Massakers sinnlos hingerichtet, 5000 zu Haftstrafen verurteilt.

Seine Erfahrungen im Burenkrieg waren für Gandhi schlimm gewesen, aber das Blutbad, das die Briten unter den unschuldigen Zulus anrichteten, empfand er als grauenhaft. Er begriff, dass er auf der falschen Seite kämpfte. Außerdem wurde ihm klar, dass das Schicksal der Zulus jederzeit auch das der Inder in Südafrika sein konnte. Das galt es zu verhindern. Er musste sich noch mehr für die Gleichberechtigung seiner Landsleute einsetzen. Von jetzt an wollte er all seine Kräfte in den Dienst der Gemeinschaft stellen. Dafür musste er seinen Geist und seinen Körper von allem Überflüssigen befreien.

Nur der Sache selbst hingeben, frei von Ängsten oder dem Streben nach persönlichem Erfolg.

Als er nach dem Zulu-Aufstand zur Phoenix-Farm zurückkehrte und nun dort auch wohnte, gestaltete Gandhi sein Privatleben noch spartanischer. Jetzt verzichtete er auf jedes Möbelstück und schlief stattdessen auf einer dünnen Decke, mit der er sich vor die Hütte legte, wenn es nicht regnete. Er reduzierte seine Nahrung auf ein geringes Maß, und neben der Nichteinnahme von Hülsenfrüchten verzichtete er nun auch auf Milch, da sie von Tieren stammte. Die grausame Art des Melkens von Kühen und Büffeln bereitete ihm Unbehagen. Stattdessen trank er nur noch Säfte und ernährte sich von gewürzlosen, ungekochten Speisen, rohen Erdnüssen, Bananen, Datteln, Zitronen und Olivenöl.

Neben weiteren Diätexperimenten unternahm er naturheilkundliche Versuche. Als sein Sohn Manilal an Typhus erkrankte, widersetzte sich Gandhi den Ratschlägen der Ärzte und verordnete seinem Jungen eine Orangensaftdiät. Ob Manilal durch sie oder durch seine natürlichen Abwehrkräfte gesund wurde, ist nicht überliefert.

Bald darauf legte Gandhi auch das Brahmacharya ab, ein hinduistisches Keuschheitsgelübde, dem er für den Rest seines Lebens treu blieb. Er sah in der Keuschheit eine Umwandlung seiner sexuellen Energie in die spirituelle und war davon überzeugt, dadurch Frieden schaffen zu können. Denn »ein Mann, der unkeusch lebt, verliert sein Durchhaltevermögen. Er wird entmannt und feige. Einer, dessen Geist der tierischen Leidenschaft widersteht, ist fähig zu jeder Tat.«[14]

Taten waren gefordert, als im August 1906 eine neue Hiobsbotschaft die indische Gemeinde in Südafrika erschütterte.

Die Regierung von Transvaal plante ein neues Gesetz. Alle Inderinnen und Inder ab acht Jahren sollten sich zukünftig per Fingerabdruck registrieren lassen und eine entsprechende Bescheinigung jederzeit bei sich tragen. Bei einer Zuwiderhandlung drohte der Verlust des Wohnrechts, eine Geldbuße in Höhe von

100 Pfund, Gefängnis für drei Monate oder die Ausweisung aus Transvaal.

Für Gandhi war dieses Vorhaben in seiner Diskriminierung weltweit einzigartig: In keiner anderen britischen Kolonie und auch nicht in Großbritannien mussten sich die Menschen registrieren lassen. Doch wie wollte er die Zwangsregistrierung verhindern? Seit Jahren hatte er versucht, versöhnlich auf die Briten einzuwirken – mit Resolutionen, Bittschriften, Gesprächen, Geduld und Loyalität. Zweimal waren er und seine Landsleute für die Kolonialherren in den Krieg gezogen. Nichts davon hatte sie zu Zugeständnissen bewegen können.

Schlimmer noch: Das geplante Registrierungsgesetz war nur der Anfang, viele weitere Einschränkungen für Inder sollten folgen. Denn »der asiatische Krebsschaden, der sich schon so tief in Südafrikas lebenswichtige Organe eingefressen hat, muss nun entschlossen ausgerottet werden«, verkündete der ehemalige Burengeneral Jan Christiaan Smuts auf einer Wahlveranstaltung in Transvaal.

Louis Botha, Anwärter auf das Amt des Regierungschefs der geplanten Südafrikanischen Union, fügte hinzu: »Wenn meine Partei ans Ruder kommt, werden wir die Kulis binnen vier Jahren aus dem Land getrieben haben.«[15]

Gandhi hatte keinen blassen Schimmer, wie er die Weißen von ihrem Vorhaben würde abbringen können. Trotzdem rief er zu einer Versammlung ins Imperial-Theater in Johannesburg auf. Fast 3000 Inder unterschiedlichster Religionen und Kasten folgten seinem Ruf, Hindus, Muslime, Christen, Sikhs, Geschäftsleute, Anwälte, Kulis, Frauen und Männer. Einer der Inder verlas eine Resolution, die den Widerstand aller verlangte. Er schloss mit den Worten, Gott solle Zeuge sein, dass alle Inder niemals dieses demütigende Gesetz akzeptieren werden.

Noch ehe der Applaus seiner Landsleute verhallt war, ergriff Gandhi das Wort. Für ihn enthielt die Resolution seines Vorredners eine wichtige moralische Verpflichtung. Einen Schwur im Namen Gottes dürfe man nicht leichtfertig dahersagen. Denn wenn man ein derartiges Gelübde bräche, nähme man schwere Schuld auf sich. Doch jetzt, verkündete Gandhi, sei die Lage so dringlich wie noch nie – und deshalb müssten alle Inder im Namen Gottes schwören. Es könne zwar sein, so warnte er, dass jeder, der den Schwur ablege, mit schrecklichen Folgen zu rechnen habe. Er könne verprügelt, erniedrigt, ins Gefängnis gesteckt werden, seine Arbeit und alles verlieren, was er besäße. Aber Gandhi war davon überzeugt: Wenn sich alle an ihr Geblüde hielten, dann würde es die Inder früher oder später zum Erfolg führen. Seine Hoffnung war es, dass »auch eine krumme Politik im Laufe der Zeit gerade wird, wenn man sich selbst nur treu bleibt«.[16]

3000 Inderinnen und Inder standen auf, hielten ihre Hand nach oben und schworen bei Gott, sich dem diskriminierenden Gesetz niemals zu fügen. Anfangs wurde ihr Protest von den Zeitungen, die darüber berichteten, »bürgerlicher Ungehorsam« genannt. Der Begriff war von dem US-Amerikaner Henry David Thoreau geprägt worden.

Der Schriftsteller und Philosoph Thoreau, geboren 1817, hatte viele Jahre alleine und selbstständig in einer selbst erbauten Blockhütte gelebt. Von seinem einfachen Leben in der Natur erzählte sein Buch »Walden. Oder das Leben in den Wäldern«. Thoreau war zeit seines Lebens ein Gegner der Sklaverei gewesen. Er hatte es für ein gutes Recht eines jeden Bürgers gehalten, sich unmenschlichen Gesetzen zu widersetzen. Von dieser Überzeugung hatte er sich nie abbringen lassen, auch wenn er dafür ins Gefängnis gesteckt worden war.

Gandhi, der sich mit Thoreaus Schriften auseinandersetzte, zeigte sich beeindruckt von dessen selbstloser Haltung. Trotzdem suchte er nach einem indischen Begriff, der den »bürgerlichen Ungehorsam« seiner Landsleute treffender umschrieb. Weil ihm kein Titel einfiel, bat er die Leser seiner Zeitung *Indian Opinion* um Hilfe. Für den besten Vorschlag versprach er einen Preis.

»Sadagraha«, lautete eine der Einsendungen, »Festhalten am Guten«. Gandhi machte daraus »Satyagraha«: »Wahrheit (satya) schließt Liebe ein, und Festigkeit (agraha) erzeugt Kraft ... So begann ich die indische Bewegung *Satyagraha* zu nennen, das heißt die Kraft, die aus der Wahrheit und der Liebe oder der Gewaltfreiheit geboren ist.«[17]

Zum ersten Mal wurde Satyagraha einer ernsten Prüfung unterzogen, als das umstrittene Registrierungsgesetz am 1. Juli 1907 in Kraft trat.

✳

Gandhi und seine Weggefährten postierten sich vor den Registrierungsämtern in Transvaal, um ihre Landsleute vom Zutritt abzuhalten. Die Aktion zeigte Wirkung: Nach Ablauf der Frist hatten sich von 13 000 Indern in der ehemaligen Burenrepublik nur 500 angemeldet. Die anderen wurden aufgefordert, sich zu registrieren oder so bald wie möglich Transvaal zu verlassen. Weil sie keiner der beiden Forderungen nachkamen, mussten sie sich vor dem Oberlandesgericht in Johannesburg verantworten.

Der 11. Januar 1908 war für Gandhi ein merkwürdiger Tag. Vor Kurzem noch hatte er als Anwalt in dem Gerichtssaal gestanden. Jetzt war er selbst angeklagt. Während der Verhandlung ließ er keinen Zweifel an seiner Schuld. In der Hoffnung, ein viel beachtetes Zeichen zu setzen, verlangte er als Anführer des Boykotts das volle Strafmaß für sich. Der Richter erließ jedoch nur ein glimpfliches Urteil: zwei Monate Haft – »ohne schwere Arbeit«. Weitere 155 Inder wurden ebenfalls zu einer Gefängnisstrafe verurteilt.

Für den *Indian Opinion* verfasste Gandhi einen Bericht über seinen Haftaufenthalt: Zwar seien die Zellen überfüllt und das Essen schlecht, so schrieb er, aber die Aufseher wären jederzeit freundlich zu ihm gewesen. Er durfte sich die Zeit mit der Lektüre von Tolstoi, Sokrates und Plato vertreiben und begann Ruskins »Unto This Last« in seine Muttersprache Gujarati zu übersetzen.

Nach nicht einmal drei Wochen wurde er dabei unterbrochen, weil man ihn überraschend aus seiner Zelle holte. In seiner Sträflingskluft wurde er nach Pretoria gefahren. Burengeneral Jan Christiaan Smuts erwartete ihn mit einem Kompromissvorschlag: »Wenn sich alle Inder freiwillig registrieren, werde ich das Gesetz zurücknehmen.«

»Wer sagt mir, dass Sie Ihr Wort halten?«, zweifelte Gandhi, der noch immer Smuts' jüngste Drohung im Ohr hatte, den »asiatischen Krebsschaden entschlossen auszurotten«.

»Ich persönlich habe nichts gegen Inder«, erklärte der General jetzt, »im Gegenteil, als ich noch studierte, war ich sogar mit ihnen befreundet.«

»Und warum bekämpfen Sie sie nun?«

»Sie müssen verstehen, die Europäer ins Transvaal verlangen ein solches Gesetz. Sie befürchten, dass sie der Einwanderung durch die Inder nicht mehr Herr werden, wenn sie sie mit einer Registrierung nicht begrenzen können.«

»Ich verstehe die Sorgen der Europäer. Aber wieso glauben Sie dann, mir die Rücknahme des Gesetzes versprechen zu können?«

»Das verspreche ich Ihnen hoch und heilig, sobald sich Ihre Landsleute freiwillig haben registrieren lassen. Dann sind alle Seiten zufrieden, und ein solches Gesetz ist nicht mehr nötig.«

»Also gut«, willigte Gandhi ein, »das klingt nach einem fairen Kompromiss.«

Um seinen guten Willen zu demonstrieren, entließ Smuts die 155 inhaftierten Inder aus dem Gefängnis. Weil Gandhi noch immer seine Sträflingskluft trug und über keinerlei Geld verfügte, bezahlte ihm Smuts' Sekretär die Rückfahrt nach Johannesburg.

Gandhis Weggefährten trauten dem Frieden nicht. »Warum wird das Gesetz nicht widerrufen, bevor wir uns registrieren?«

»Was wäre das für ein Kompromiss, wenn er an Forderungen geknüpft wäre?«, sagte Gandhi.

Ich hatte gelernt, an die bessere Seite der menschlichen Natur zu appellieren und zu den Herzen der Menschen vorzudringen.[18]

»Und wenn General Smuts sein Wort nicht hält?«, fragten Gandhis Weggefährten.

Er zuckte mit den Schultern. »Wenn ihr euch für die Satyagraha entschieden habt, dann schenkt ihr eurem Gegner Vertrauen.«

»Und wenn er unser Vertrauen missbraucht?«

»Das spielt keine Rolle. Egal, wie oft euch euer Gegner enttäuscht, ihr werdet ihm immer wieder euer Vertrauen schenken. Vertrauen in die menschliche Natur ist ein Hauptbestandteil der Satyagraha.«

Gandhi wollte mit gutem Beispiel vorangehen. Doch als er sich am 10. Februar morgens auf den Weg machte, um sich als einer der ersten Inder mit Fingerabdruck auf dem Amt registrieren zu lassen, wurde er von einer Gruppe indischer Paschtunen niedergeschlagen.

»Hey Rama!«, stieß Gandhi aus. »Oh Gott.« Dann wurde er ohnmächtig.

✳

Gandhi erwachte auf einer Couch. Ein Arzt versorgte seine geprellten Rippen und nähte ihm die Wange und die Lippe. Währenddessen berichtete er, dass die paschtunischen Angreifer verhaftet worden seien.

Gandhi verlangte sofort ihre Freilassung. Die Paschtunen, so erklärte er, hätten ihn doch nur deshalb von der Registrierung abgehalten, weil sie dachten, das Richtige zu tun. Er wollte ihnen keinen Vorwurf machen und noch weniger wollte er sie deswegen vor Gericht bringen. Kaum war er verarztet, ließ er sich die Formulare bringen und erledigte die Registrierung noch am Krankenbett. In den Wochen danach folgte ein Großteil der Inder in Transvaal seinem Beispiel und meldete sich freiwillig an.

Ihr Zorn war groß, als General Smuts entgegen seiner Zusage das Gesetz zur Zwangsregistrierung nicht zurücknahm. All seinen guten Vorsätzen zum Trotz war auch Gandhi wütend. Im *Indian Opinion* schrieb er über das »falsche Spiel« des Generals und stellte ihm ein Ultimatum. Smuts ging nicht darauf ein. Gandhi rief zu einer Massenversammlung in die Hamidia-Moschee in Johannesburg, wo er die Registrierscheine in einem symbolischen Akt öffentlich verbrannte. Damit wollte er deutlich machen, dass die Inder sich diesem Gesetz niemals fügen würden, auch wenn sie dafür ins Gefängnis gehen müssten.

Die Inder jubelten, als über 2000 Meldescheine in Flammen aufgingen. Sogar die Paschtunen, die Gandhi vor wenigen Wochen erst niedergeschlagen hatten, waren mit dieser Aktion versöhnt. Einer von ihnen schüttelte Gandhi erfreut die

Hände: »Hab' Sie falsch eingeschätzt, Mr. Gandhi. Tut mir leid, und verzeihen Sie. Aber nun, nun geht es erst richtig los, nicht wahr?«[19]

In der Tat bat Gandhi kurz darauf eine Gruppe Inder aus Natal, über die Grenze nach Transvaal einzureisen. Da die Männer keine Registrierscheine besaßen, wurden sie verhaftet und vor die Wahl gestellt: Geldbuße oder Haft? Sie entschieden sich fürs Gefängnis. Als ihr Anstifter wurde auch Gandhi verhaftet. Erneut bekam er zwei Monate Haft – diesmal »mit schwerer Arbeit«. Obwohl er jeden Tag Zwangsarbeit leisten musste, sich Blasen zuzog, die aufplatzten und ihm Schmerzen bereiteten, ertrug er seine Strafe klaglos.

Auch eine krumme Politik wird im Laufe der Zeit gerade, wenn man sich selbst nur treu bleibt.[20]

Gandhi blieb dem Satyagraha treu, angespornt durch das wiederholte Studium der Bhagavadgita, des Korans, der Werke von Ruskin, Thoreau und Tolstoi.

Es war Tolstoi, der 1908 auch einen Leserbrief an eine indische Zeitung schickte. Unter der Überschrift »A Letter to a Hindu« bestärkte er Gandhi zur Satyagraha, denn das, was man gewaltfreien Widerstand nennt, sei in Wirklichkeit nichts anderes als praktizierte Liebe. »Liebe ist das Streben nach Verbundenheit und Solidarität mit anderen, und dieses Streben bringt immer edle Aktivitäten hervor.«[21]

Ein Jahr später bat Gandhi den russischen Autor darum, »A Letter to a Hindu« ins Gujarati übersetzen und veröffentlichen zu dürfen. Aus Tolstois Antwort entwickelte sich ein reger Briefverkehr, in dem die beiden Männer sich über ihren gewaltlosen Kampf gegen das Unrecht dieser Welt austauschten.

Davon ermutigt, reiste Gandhi noch im gleichen Jahr nach London. Er wollte englische Journalisten und Politiker für den

Kampf um die Gleichberechtigung der Inder in Südafrika gewinnen. Doch keiner brachte den Mut auf, sich in die südafrikanischen Angelegenheiten einzumischen. Selbst das britische Parlament konnte sich zu keinem positiven Beschluss durchringen. Stattdessen trieben die Briten auch in Indien die Unterdrückung der Bevölkerung voran. Da die Bengalen den meisten Widerstand leisteten, hatte der britische Vizekönig George Curzon die Provinz Bengalen kurzerhand in zwei Hälften geteilt und mit anderen Provinzen zusammengelegt – in einen östlichen Landesteil mit deutlicher Muslim-Mehrheit und in einen westlichen Landesteil mit Hindu-Mehrheit. Auf diese Weise waren die aufmüpfigen Bengalen nicht nur gespalten, sondern auch in die Minderheit geraten. Über die Frage, wie man auf diese Maßnahme reagieren sollte, hatten sich wiederum die Hindus und Muslime im Indischen Nationalkongress zerstritten. Liberale Politiker wie Pherozeshah Mehta oder Gopal Krishna Gokhale setzten auf versöhnliche Gespräche mit den Briten. Radikale Nationalisten wie Bal Gangadhar Tilak suchten den offenen Kampf. In London verübte ein junger indischer Bengale ein tödliches Bombenattentat auf einen englischen Beamten. Gandhi begann zu begreifen, dass die Sorgen der Inder keineswegs nur ein südafrikanisches Problem waren.

※

Aufgewühlt von dieser Erkenntnis, überkam Gandhi während seiner elftägigen Rückreise nach Südafrika ein überraschender Eifer. Auf dem Briefpapier des Schiffs schrieb er all seine Gedanken nieder, abwechselnd mit der rechten und mit der linken Hand, weil er keine Pause machen wollte. Nach seiner Ankunft veröffentlichte er das 275 Seiten umfassende Manifest, das er in

Gujarati geschrieben hatte, unter dem Titel »Hind Swaraj«. Zu Deutsch: »Indische Unabhängigkeit«.

Darin kam Gandhi zu dem Schluss, dass die britische Herrschaft in Indien nur deshalb funktionierte, weil die Inder kooperierten. Würden sie die Zusammenarbeit gewaltlos verweigern, würde das System der Unterdrückung zusammenbrechen. Doch Gandhi war nicht überzeugt, dass die Entmachtung der Briten und eine indische Selbstregierung die Probleme seines Landes auf Dauer lösen würden. Längst hätten sich die Inder nämlich von der westlichen Industrialisierung und der vermeintlichen Zivilisation missbrauchen lassen.

Im »Hind Swaraj« legte Gandhi seine Zivilisationskritik dar. Der sogenannte Fortschritt würde den Menschen durch Maschinen ersetzen, und auch zukünftige Kriege würden nicht mehr durch körperliche Stärke, sondern durch moderne Technik entschieden: Heute könne ein einzelner Mensch, der von einem Hügel aus eine Waffe bediene, Tausende von Leben auslöschen. Das sei die Zivilisation. »Früher arbeiteten die Menschen unter freiem Himmel nur so viel, wie sie wollten. Heute drängen sich Tausende Arbeiter für ihren Lebensunterhalt in Fabriken und Minen, unter schlimmeren Bedingungen als Tiere. Sie sind dazu gezwungen, ihr Leben bei den gefährlichsten Arbeiten zu riskieren, zum Nutzen von Millionären.«[22]

Sein Fazit: Würde die britische Herrschaft durch eine indische Regierung ersetzt werden, dann würden die Inder nur zu einer Kopie Europas. Aus diesem Grund müssten sie sich zuallerlerst von den Einflüssen der Briten befreien, um dann Indien aus deren Gewahrsam befreien zu können. Deshalb beschwor Gandhi im »Hind Swaraj« den Geist des alten Indiens: das traditionelle indische Leben, das einfach, aber unabhängig gewesen war – und vor allem glücklich.

Ein Leben körperlicher Arbeit, das heißt das Leben eines Bauern und eines Handwerkers ist das lebenswerte Leben.[23]

Gandhis konsequente Abkehr von allem modernen Fortschritt war für sich alleine schon bemerkenswert. Noch viel wichtiger jedoch war, dass seine Aufmerksamkeit nicht mehr nur den Indern in Südafrika galt. Nun hatte er sich auch den Problemen seiner Heimat zugewandt. Doch vorerst galt sein Hauptaugenmerk nach wie vor dem Kampf gegen das südafrikanische Unrechtssystem. Er hatte jetzt klare Vorstellungen davon, wie er vorgehen musste.

Gandhi strebte die Gründung einer ländlichen Gemeinde an. Dort würde er mit seinen Weggefährten traditionell, schlicht und damit unabhängig von den Kolonialherren leben können. Die Phoenix-Farm in Durban lag allerdings mit dreißig Stunden Zugfahrt zu weit entfernt von Transvaal. Dort wiederum wurde Gandhi der Kauf eines Grundstücks verweigert. Zum Glück befand sich inzwischen ein wohlhabender Freund unter Gandhis Weggefährten, der aus Deutschland eingewanderte Hermann Kallenbach. Er kaufte eine 1100 Hektar große Farm außerhalb von Johannesburg und stellte sie kostenlos zur Verfügung. Gandhi nannte sie die Tolstoi-Farm.

Anfangs lebten 43 Männer, fünf Frauen und 30 Kinder auf dem Grundstück, Hindus, Muslime, Christen, Parsen, Tamilen. Ihre Herkunft spielte keine Rolle mehr. Jetzt waren sie Satyagrahis. So nannten sich Gandhis Gefolgsleute. Sie bauten ihre Unterkünfte selber, ernährten sich durch Ackerbau und durch die Früchte der 1000 Aprikosen-, Orangen- und Pflaumenbäume. Sie schöpften Trinkwasser aus zwei Brunnen und einer Flussquelle, nähten sich Kleidung im traditionellen Stil indischer Kulis: ein schlichter Sari für die Frauen, ein Dhoti für die Männer.

Sie unterrichteten sogar ihre Kinder. Nach Gandhis Meinung konnte keine Schule oder kein Internat die Erziehung in einem wohlgeordneten Haushalt ersetzen. Erziehung bedeutete für ihn nicht mehr das Lesen von Büchern. Er verbot seinen Söhnen die Schulbildung und wollte ihren Charakter bilden, indem sie auf der Farm arbeiteten und in ihrer Familie alles lernten, was sie für ihr Leben brauchten. Er war überzeugt, »... es sei weitaus besser, ungebildet zu bleiben und um der Freiheit willen Steine zu klopfen, als eine Schulbildung in Sklavenketten zu wählen ...«.[24]

Auch Gandhi lebte jetzt mit seiner Familie dauerhaft auf der Tolstoi-Farm. Seine Anwaltstätigkeit hatte er endgültig aufgegeben. Bei finanziellen Engpässen halfen ihm wohlhabende Landsleute aus Afrika, Indien und London, die ebenfalls unter der Diskriminierung der Briten litten. Ihre Geldspenden finanzierten die Satyagrahis in ihrem Kampf gegen das Registrierungsgesetz, gegen die Kopfsteuer der Kulis – und gegen ein Gerichtsurteil, dass im März 1913 alle nicht christlichen Ehen in Südafrika für illegal erklärt hatte. Damit waren alle Ehen zwischen Hindus, Muslimen und Parsen ungültig, die Kinder aus diesen Ehen illegitim und alle indischen Frauen zu rechtlosen Konkubinen geworden.

Erstmals schlossen sich nun auch indische Frauen der Satyagraha-Bewegung an. Gandhi hatte sich lange gegen die Teilnahme von Frauen ausgesprochen. Er bezweifelte, ob sie die Strapazen einer Haft überstehen würden. Doch jetzt schickte er eine Gruppe tamilischer Frauen von der Tolstoi-Farm über die Grenze nach Natal, wo sie Bergarbeiter zum Streik aufforderten.

Die südafrikanische Regierung ließ die Frauen verhaften. Entgegen allen Erwartungen zeigten sie sich unerschrocken und in hohem Maße leidensfähig. Eine indische Frau starb während ihrer Haft. Aus Protest darüber weiteten die Bergarbeiter ihren Streik aus. Weil viele von ihnen ihre Wohnungen verloren, formierte Gandhi einen Protestmarsch der Kulis quer durch Südafrika zur Tolstoi-Farm. Angeführt von ihm, legten 2037 Männer, 127 Frauen und 57 Kinder als eine »Armee des Friedens« täglich 35 Kilometer zurück.

Wieder ließ die Regierung Gandhi verhaften. Die Kulis wurden zur Zwangsarbeit deportiert, was weitere Streiks anderer Kontraktarbeiter provozierte.

Noch mehr Verhaftungen wurden vorgenommen. Zeitweise saßen von 13000 Indern in Transvaal 2500 im Gefängnis. 6000 waren aus dem Land geflohen. Einige wurden nach Indien deportiert und verloren ihr gesamtes Hab und Gut.

Aus Indien kam derweil immer mehr Unterstützung. Sogar Lord Chelmsford, der britische Vizekönig, verurteilte jetzt das südafrikanische Regime. Derart unter Druck gesetzt, entließ die Regierung in Transvaal Gandhi und seine Satyagrahis und setzte eine Untersuchungskommission ein. Sie sollte über die Verbesserung der Situation der Inder in Südafrika beratschlagen. Allerdings wurde kein Inder daran beteiligt.

Gandhi sah sich zu einer neuen Kampagne veranlasst. Weil aber zur gleichen Zeit auch die weißen Eisenbahner in einen Streik traten, verschob er seine Protestaktion. Er wollte die Schwäche seines Gegners nicht ausnutzen. Das widersprach allen Prinzipien, an die er glaubte und die er predigte.

Wir wollen nicht länger an die Lehre des ›Wie du mir, so ich dir‹ denken; wir wollen auch nicht Haß mit Haß vergelten, nicht Gewalt mit Gewalt, Böses mit Bösem.[25]

Seine Gegner reagierten mit Verwunderung, aber auch mit Hochachtung. Endlich bat ihn General Smuts an den Verhandlungstisch.

*

Am 30. Juni 1914 fanden Gandhi und Smuts zu einer Einigung. Der sogenannte *Indian Relief Act* verbesserte die Situation der indischen Bevölkerung in Südafrika. Die Kopfsteuer wurde abgeschafft. Nicht christliche Ehen waren wieder rechtsgültig. Damit waren zwar nicht alle Ziele Gandhis erreicht, aber seine Hoffnung erfüllt.

Auch eine krumme Politik wird im Laufe der Zeit gerade, wenn man sich selbst nur treu bleibt.[26]

Mit dieser Erkenntnis beschloss er, endlich nach Indien zurückzukehren. Dankbar über seinen Erfolg, feierten ihn die südafrikanischen Inder bei seinem Abschied. Kurz vor seiner Abreise erreichte ihn eine Einladung seines einstigen Mentors Gopal Krishna Gokhale aus London. Gandhi und seine Familie bestiegen ein Schiff nach England.

Wenige Tage vor ihrer Ankunft wurde bei einem Attentat einer serbischen Untergrundorganisation in Sarajevo der österreichische Thronfolger Erzherzog Franz Ferdinand getötet. Am 28. Juli 1914 erklärte Österreich-Ungarn den Serben den Krieg. Es wurde der bis dahin größte Krieg der Weltgeschichte. 40 Staaten waren beteiligt, auf der einen Seite Österreich-Ungarn, Deutschland, das Osmanische Reich und Bulgarien, auf der anderen Belgien, Frankreich, Italien, Japan, Rumänien, Russland, Serbien, die USA und das Britische Empire.

Gandhi war überzeugt, die in England lebenden Inder müssten ihren Anteil am Krieg übernehmen. Niemals hätte er versucht, das Britische Empire zu vernichten, erklärte er, wieso sollte er dabei zusehen, wie andere es vernichteten? Er stellte ein Ambulanzkorps aus 80 indischen Studenten in London zusammen. Viele seiner Weggefährten waren irritiert von diesem Vorhaben. Immer wieder predigte er ihnen Gewaltlosigkeit. Jetzt wollte er sie in einen Krieg schicken, der sie nichts anging. Wäre es nicht besser, forderten sie, die Bedrängnis der Briten auszunutzen? Gandhi lehnte ab. Wie schon so oft zuvor wollte er auch diesmal die Situation seiner Gegner nicht für seine Zwecke missbrauchen.

Voller Entschlossenheit begann er sich mit seinem Amulanzkorps auf den Kriegseinsatz vorzubereiten. Nach einem sechswöchigen Schnellkurs in Erster Hilfe sollten sie eine ebenso rasche Militärausbildung erhalten. Gandhi jedoch hatte gerade erst eine zweiwöchige Fastenkur absolviert. Er war kaum bei Kräften. Durch den täglichen militärischen Drill erkrankte er an einer Brustfellentzündung. Ihm wurde strikte Bettruhe verordnet. Er musste zwar einige seiner Diätexperimente einschränken, so ganz wollte er aber nicht darauf verzichten. Er wurde noch kränker. Zusätzlich schwächte das kalte Winterwetter Englands seinen Körper.

Der Arzt drängte Gandhi zu einer Heimkehr nach Indien. Da sein Mentor Gokhale, den er in London hatte treffen wollen, ebenfalls schon aufgebrochen war, folgte er dem ärztlichen Rat. Im Januar 1915 trat Gandhi mit seiner Familie die Rückreise an.

Kapitel 7

Die große Seele kehrt zurück

Der Unabhängigkeitskampf in Indien, 1915–1918

Nach fast 21 Jahren im Ausland kehrte Gandhi endgültig nach Indien zurück. Mit»Mahathma« wurde er bei seiner Ankunft in Bombay am 9. Januar 1915 vom indischen Philosophen und Literaturnobelpreisträger Rabindranath Tagore begrüßt.

Mahatma. Große Seele.

Die Seele seiner Landsleute berührte Gandhi anfangs allerdings nur wenig. Auch seine Haltung zum Krieg erregte wenig Aufsehen. Die Briten hatten inzwischen mehr als eine Million indischer Soldaten rekrutiert, die weltweit an vielen Fronten ihr Leben aufs Spiel setzten. Stattdessen sorgte sein Manifest »Hind Swaraj« für Irritation.

Weil das Buch von den Briten in Indien verboten worden war, hatte Gandhi es zwischenzeitlich als *Indian Home Rule* in englischer Sprache veröffentlichen lassen. Die Kolonialherren sahen darin kein Problem, sprach der Großteil der indischen Bevölkerung doch ohnehin kein Englisch. Es war ausgerechnet Gopal Krishna Gokhale, Gandhis Mentor, der das Buch kritisierte.»Für mich hat es nur wenig mit dem Leben der Leute in Indien zu tun.« Gandhi schwieg irritiert.

Gokhale nickte, als hätte er nichts anderes erwartet.»Wissen Sie was? Machen Sie eine einjährige Rundreise, bei der Sie Indien, die Menschen und ihre Sorgen richtig kennenlernen.«

Außerdem bot er Gandhi eine Mitgliedschaft in der *Servants of India Society* an, einem Zusammenschluss liberaler, einflussreicher Inder, die soziale Reformen anstrebten. Reformen hatte auch Gandhi im Sinn, nur unterschieden sich seine Arbeitsmethoden ganz erheblich von denen der *Servants of India Society.* Deren Mitglieder wiederum hielten seine Satyagraha-Bewegung für zu radikal. Daran und am plötzlichen Tod seines Fürsprechers Gokhale scheiterte Gandhis Beitritt.

Er folgte dem Vorschlag seines Mentors und bereiste Indien. In dieser Zeit begann er zu begreifen, was Gokhale ihm hatte vermitteln wollen. Die Armut ihrer Landsleute in den Dörfern war erschütternd. Obwohl die Menschen hart auf den Feldern schufteten, verdienten sie kaum etwas mit ihrer Arbeit: Zu hoch waren Pacht und Steuern, die die Briten verlangten. In den Sommermonaten, in denen wegen der Hitze keine Landwirtschaft möglich war, verdienten die Bauern gar nichts. Trotzdem mussten sie Pacht und Steuern bezahlen. Sie waren so arm, dass manche sich wie früher ihre Stoffe mit dem Spinnrad und ihre Kleidungsstücke mit ihren Händen selber weben mussten. Gandhi stellte fest, dass Sauberkeit ein Fremdwort für sie war. Abfall wurde einfach fortgeworfen. Überall stank es nach Urin und Exkrementen.

Viele Bauern reagierten überrascht, als sie Gandhis kleine, magere Gestalt mit seinem viel zu großen Turban erblickten. »Das soll der Mann sein, von dem uns erzählt wurde? Der Held Südafrikas? Der die Kolonialherren besiegt hat?«

»Natürlich, das ist Mahatma Gandhi.«

»Und er soll der Nachfolger des großen Gokhale werden?«

»Wen hast du erwartet?«

»Einen großen, starken Mann, der uns von den britischen Besatzern befreit. Und unser Leben besser macht.«

Gandhi mit seiner Frau Kasturbai kurz nach der Rückkehr aus Südafrika, 1915.

»Das wird er ganz bestimmt.«

»Und wie will er das schaffen? Er spricht so leise, dass ich kein Wort von ihm verstehe. Und das, was ich verstehe, das langweilt mich zu Tode.«

Gandhi hatte Mühe, die Menschen für sich zu begeistern. Schlimmer noch, mit seiner hartnäckigen Art machte er sich Feinde.

❋

In Bombay besuchte Gandhi die Vereinigung der Gujaratis, einen Zusammenschluss engagierter Bürger und Politiker aus seinem Heimatbezirk Gujarati.

Muhammad Ali Jinnah, der Präsident der Vereinigung, wollte zur Begrüßung eine Rede halten. Jinnah, geboren 1876, gehörte dem Indischen Nationalkongress an. Als Muslim und liberaler Nationalist sah er sich in der Rolle des neuen Gokhale und strebte ein unabhängiges Indien an. Er hatte also viele Gründe, sich mit Gandhi zu verbünden. Unglücklicherweise hielt er seine Rede auf Englisch, weil er die Sprache fließend beherrschte und stolz darauf war.

Schon nach wenigen Sekunden unterbrach ihn Gandhi. »Würde es Ihnen etwas ausmachen, die Sprache der Gujarati zu benutzen?«

Jinnah runzelte verwundert die Stirn.

»Hier sitzen nur Leute aus Gujarati«, fügte Gandhi hinzu, »wozu sollen wir uns also auf Englisch unterhalten?«

Nur mit Mühe konnte Jinnah seine Verärgerung verbergen. Da er Gujarati nicht perfekt beherrschte, setzte er seine Rede auf Englisch fort. Gandhi wiederum ließ für den Rest des Abends durchblicken, wie sehr ihm Jinnahs Auftritt missfallen hatte. Für ihn war Jinnah ein Paradebeispiel für die korrumpierten, verwestlichten Inder, die er im »Hind Swaraj« kritisiert hatte. Jinnah dagegen konnte ihm die öffentliche Maßregelung nicht verzeihen. Er begann Gandhi von diesem Tag an zu hassen. Zu einem noch größeren Eklat kam es nach dem Ende seiner elfmonatigen Reise. Zur Einweihung des *Hindu University Central College* in Varanasi sollte er seine erste öffentliche Rede in Indien halten. An der Feierlichkeit nahmen eine Reihe wichtiger Leute teil, darunter pompöse Maharajas, ebenso vornehme Maharnis, der britische Vizekönig Lord Chelmsford – und Annie Besant.

Gandhi war ihr während seines Studiums in London begegnet. Damals hatten die beiden ihren Kontakt nicht vertiefen können. Mittlerweile war die Frauenrechtlerin, Atheistin, Sozialistin und Theosophin weit über 70. Sie hielt sich nach hellseherischen Untersuchungen erst für die Reinkarnation eines Affen, der unter Lebensgefahr Buddha gerettet hatte. Später glaubte sie erst, die Wiedergeburt der griechischen Philosophin Hypathia von Alexandria, dann die des italienischen Priesters, Philosophen und Dichters Giordano Bruno zu sein.

Seit vielen Jahren lebte Besant in Indien, wo sie den Hinduismus studiert hatte. Dann hatte sie sich unter dem selbst gewählten Motto »Wake up India« der indischen Unabhängigkeitsbewegung und dem Indischen Nationalkongress angeschlossen. Dort schlug sie die Gründung einer Home Rule League vor – einer Protestbewegung, die die indische Selbstverwaltung bei Loyalität gegenüber dem Britischen Empire forderte. Nachdem ihr Vorschlag vom Nationalkongress nicht angenommen worden war, rief sie diese Vereinigung auf eigene Faust ins Leben. Bereits 1898 gründete sie das Central Hindu College in Benares, das nun Teil des Hindu University Central College wurde.

Gandhi kam in seiner Eröffnungsrede gleich zur Sache. Er tadelte seine Vorredner, die in Englisch gesprochen hatten, obwohl ihre Muttersprache eine andere war. Er schimpfte über die Studenten, die britische Kleidung trugen. Er beklagte die kostspielige Gründungsfeier, die der Vizekönig ausgerichtet hatte. Er kritisierte den unermesslichen Reichtum der Maharajas, den sie mit Edelsteinen und Geschmeide zur Schau stellten. Seine unverblümten Worte provozierten den Protest der Studenten. Einige Maharajas verließen die Versammlung. Gandhi redete weiter über den Reichtum weniger Privilegierter, über die Armut der meisten. Doch daran würde sich nichts ändern, wenn alle nur unnütze Reden hielten oder Bücher schrieben. Indien könne nur gerettet werden, wenn alle Inder sich durch ihr eigenes Verhalten für die Freiheit qualifizierten.

Immer mehr Zwischenrufe wurden laut. Gandhi forderte, dass jeder Inder dem Konsum und der Verwestlichung entsagen sollte. Der Einzelne sollte sich in den Dienst aller stellen und seine Muttersprache und seine Traditionen pflegen. »Und wenn wir dabei an Gott glauben, dann wird Gott uns vor dem britischen Vizekönig, dem König des Britischen Empire und …«

»Seien Sie still!«, fiel ihm Annie Besant ins Wort. Mit ihrer Home Rule League strebte sie eine indische Selbstverwaltung an – loyal zum Britischen Empire. Gandhis Rede klang dagegen alles andere als loyal. »Mr. Gandhi«, rief sie, »können Sie uns bitte erklären, worauf genau Sie hinauswollen?«

»Das hatte ich vor, kurz bevor Sie mich unterbrochen haben. Ich wollte sagen …« Der Lärm brachte ihn zum Verstummen. Auch an diesem Tag hatte er sich wenig Freunde gemacht. Das änderte nichts an seinem Plan, den er sich während seiner einjährigen Rundreise zurechtgelegt hatte.

Mit der finanziellen Unterstützung eines Freundes mietete Gandhi am Ufer des Sabarmati River unweit der Stadt Ahmedabad einen Bungalow mit großem Grundstück. Er gründete den Satyagraha-Ashram.

Mit 25 Frauen und Männern begann er dort nach dem Vorbild seiner südafrikanischen Tolstoi-Farm unter einfachsten Bedingungen zu leben. Sie ernährten sich von Obst und Gemüse, das sie von Feldern, Sträuchern und Bäumen ernteten. Ihre Kleidung fertigten sie mit Webstühlen an, deren Handhabe jeder Satyagrahi erlernen musste. Mit alten Spinnrädern stellten sie ihr eigenes Garn her.

Gandhi hatte die Technik des Spinnens während seiner einjährigen Rundreise bei den Bauern in den entlegenen Dörfern entdeckt. Nach reiflicher Überlegung hielt er die Arbeit am Spinnrad für ein geeignetes Mittel, gegen die Armut auf dem Land anzugehen. Statt auf die finanzielle Unterstützung durch die Briten zu warten, sollten die Bauern selbst die Initiative ergreifen. Sie sollten sich wie er in seinem Ashram nicht nur selbst versorgen, sondern mit Spinnrad und Webstuhl handgemachten Stoff herstellen, den sogenannten Khadi. Auf diese Weise würden sie sich nicht nur ein Zubrot verdienen.

Gandhi war überzeugt: Sie würden sich aus der Abhängigkeit von der englischen Industrie lösen und sich früher oder später von der Unterdrückung durch die Briten befreien. So hatte er es auch in seinem Buch »Hind Swaraj« beschrieben. Inzwischen reichte seine Vision jedoch noch weiter: Für ihn taugte sein traditionelles, bäuerliches, auf Selbstversorgung beruhendes Ashram-Leben nicht mehr nur für eine Reform Indiens, sondern für eine Reform der gesamten Menschheit.

Nur der Sache selbst hingeben, frei von Ängsten oder dem Streben nach persönlichem Erfolg.

Gandhi war sich sicher: Jeder einzelne Mensch könne zum Wohl aller Menschen beitragen, wenn er sich an die Ashram-Grundregeln hielt – Wahrheit, Gewaltlosigkeit, Enthaltsamkeit, Keuschheit, Vegetarismus, Furchtlosigkeit, Toleranz, Gleichheit der Religionen, gemeinsame körperliche Arbeit und die ausschließliche Verwendung heimischer Produkte.

In seinem Ashram, den er nicht ohne Grund in der Nähe der mächtigen Textilfabriken Ahmedabads angesiedelt hatte, ging er mit bestem Beispiel voran: Jeden Tag half er auf den Feldern bei der Ernte. Oder er saß auf der Terrasse vor seinem winzigen, möbellosen Zimmer und bediente ein altes Spinnrad. Nachts schlief er draußen auf den Steinen, egal, wie kalt es war. Sein Leben war voll und ganz dem Satyagraha gewidmet.

Wieder gab es viele wohlhabende Inder, die ihn dabei unterstützten. Doch als er wenige Monate nach Gründung des Ashrams ein junges, kastenloses Ehepaar mit seiner Tochter Lakhmi aufnehmen wollte, blieben von einem Tag auf den anderen die finanziellen Zuwendungen aus. Die Unberührbaren würden den Ashram besudeln, hieß es. Kurz darauf erklärte Gandhis Neffe Maganlal, der seit dem Tod seines Vaters bei seinem Onkel lebte und dessen Buchhaltung führte: »Wir haben kein Geld mehr.«

※

Gandhi überlegte. Noch konnte sein Ashram die Satyagrahis nicht versorgen. Ohne die Unterstützung wohlhabender Spender würde die Gemeinde also nicht mehr fortbestehen. Doch noch weniger wollte er die Kastenlosen abweisen, nur weil die Öffentlichkeit es verlangte. Er beschloss, ein Zeichen zu setzen, indem er mit dem Ashram in das Wohnviertel der Kastenlosen umziehen wollte.

Nicht alle seiner Satyagrahis waren von der Idee angetan. Kastenlose wurden nicht umsonst Unberührbare genannt. Im Glauben der Hinduisten brachten sie Krankheiten und Unglück. Für Gandhi war es nichts als Aberglaube. Schon in Südafrika hatte er mit Unberührbaren auf den Farmen unter einem Dach gegessen und gewohnt. Bis heute war er kerngesund geblieben. Er erinnerte seine Satyagrahis an die Ashram-Grundregeln, denen sie sich verpflichtet hatten: »Furchtlosigkeit, Toleranz, Gleichheit und ...« Ein Räuspern ließ ihn innehalten. In der Tür stand eines der Ashram-Kinder. »Draußen wartet ein Mann in seinem Auto. Er will reden.«

»Worüber?«

»Das hat er nicht gesagt.«

Gandhi ging hinaus zu dem Mann. »Worüber wollen Sie reden?«

»Über Geld, das ich Ihnen anbieten möchte«, sagte der Mann, ohne sich aus dem Wagen zu bequemen.

»Und was muss ich dafür tun?«

»Gar nichts. Ich möchte Ihnen helfen.«

Für einen Augenblick war Gandhi baff vor Erstaunen.

»Wollen Sie das Geld oder nicht?«, fragte der Mann.

Gandhi nickte hastig. »Natürlich, sehr gerne sogar. Unsere Finanzen sind nämlich erschöpft.«

»Gut, dann treffen wir uns morgen zur gleichen Zeit.« Der Mann verabschiedete sich und fuhr davon.

Immer noch erstaunt, sah Gandhi dem Auto nach. Er hatte den Mann noch nie gesehen. Sie hatten nur ein paar Worte miteinander gewechselt. Der Mann hatte sich im Ashram nicht umsehen wollen, er hatte nicht einmal interessierte Fragen gestellt. Warum wollte er helfen? Oder hatte er sich nur einen dummen Scherz erlaubt?

Gandhi konnte den nächsten Tag kaum erwarten. Als eine Hupe ertönte, eilte er hinaus auf die Straße. Der Mann reichte ihm wortlos ein Bündel mit 13 000 Rupien. Dann fuhr er wieder davon. Wieder starrte Gandhi dem Wagen verblüfft hinterher. »Ein Mann, der einfach Hilfe leistet«, murmelte er, »ohne Bedingung, ohne Forderung.«

»Das ist hervorragend«, sagte sein Neffe Maganlal.

Gandhi nickte. »So was habe ich noch nie erlebt.«

»Auf jeden Fall können wir für ein weiteres Jahr im Ashram wohnen bleiben.«

Gandhi beeilte sich, seinen Satyagrahis die freudige Nachricht mitzuteilen. »Und nun können wir ohne Bedenken das kastenlose Ehepaar mit seiner Tochter Lakhmi aufnehmen.«

»Aber nein«, riefen einige der Frauen.

Sogar Kasturbai sagte: »Wir wollen mit den Unberührbaren nichts zu tun haben.«

»Aber ich sagte doch …«

»Und ich sagte, dass wir das nicht wollen.«

Sprachlos sah Gandhi seine Frau an.

Sie erwiderte seinen Blick. »Oder ich werde dich verlassen.«

»Kasturbai«, sagte er, »ich bitte dich. Wir sind gläubige Menschen und unser Glaube lehrt uns Mitleid, Liebe und Respekt. Was hat dein Verhalten damit zu tun?«

»Aber mein Glaube …«

»Dein Glaube«, unterbrach er seine Frau, »verlangt von dir, eine Kuh zu verehren. Aber das menschliche Leben – das willst du nicht verehren?«

»Ja, doch, ja, aber trotzdem ist mir allein der Gedanke zuwider, dass eine Unberührbare in der Küche hilft, Geschirr spült und Kochtöpfe füllt.«

Gandhi schwieg. Die finanziellen Schwierigkeiten hatten ihm

weniger Kopfzerbrechen bereitet als Kasturbais Drohung. Nach einer Weile fragte er: »Du bist mir doch eine treue Ehefrau, oder nicht?«

»Ja.«

»Trotzdem willst du mich verlassen?«

»Das habe ich vor.«

»Auch wenn es eine Sünde ist?«

»Wenn du mich dazu zwingst.«

»Wenn ich dich zwinge, eine Sünde zu begehen … und das wirst du, wenn du mich verlässt, dann ist das meine Sünde, weil ich dich dazu zwinge, und nicht deine. Du wirst also nicht für die Sünde bestraft werden, sondern ich.«

Diesmal blieb Kasturbai still. Manchmal waren die Argumentationen ihres Mannes seltsam, daran hatte sie sich gewöhnt. Ebenso wie an den spartanischen, enthaltsamen Lebenswandel, den sie an seiner Seite führte. Oder daran, dass er als ihr Ehemann keinen Sex mehr mit ihr hatte. Doch wollte sie jetzt diese Last auf sich nehmen? Ihre Sünde? Seine Strafe? Ihr Zorn verrauchte. Sie blieb im Ashram. Nach wie vor hatte sie Probleme damit, mit Unberührbaren unter einem Dach zu leben. Aber wie in all den Jahren zuvor fügte sie sich auch diesmal Gandhis Willen. Der wiederum verkündete kurze Zeit später, er hätte Lakhmi als seine Tochter angenommen. Damit war Kasturbai sogar die Mutter einer Unberührbaren geworden.

Gandhis Leben im Ashram ist bis heute nicht unumstritten. Kritiker stören sich an seiner Kompromisslosigkeit, mit der er von seinen Satyagrahis die Einhaltung der Ashram-Grundregeln verlangte. Gespräche darüber, gar Abweichungen von den Vorgaben ließ er nicht zu.

Gandhi sei kein »offener Geist« gewesen, erinnert sich Jawaharlal Nehru, einer seiner Weggefährten. Er bescheinigte Gandhi eine gewisse »Verbohrtheit«. Bei Gesprächen habe man bei ihm das Gefühl gehabt, gegen eine Wand zu reden. Gandhi sei so fest von seinen eigenen Auffassungen überzeugt gewesen, dass ihm alles andere unwichtig erschien.[27] Denn Gandhi »war allzusehr von Experimenten mit Selbstkasteiung besessen«, fügt Sunil Khilnani hinzu, indischer Politikwissenschaftler und Direktor des King's India Institute in London, »und in seinem Haushalt ging es nicht gerade fröhlich zu, wenn man bedenkt, wie geringschätzig und grausam er seine Frau und seine Kinder manchmal behandelte.«[28]

Andere werfen ihm bis heute vor, er hätte ständig nur versucht, seine Frau und seine Kinder »nach seinem Vorbild zu formen«, erklärt seine Biografin Susmita Arp. Die Beziehung zu seinen Söhnen sei deshalb auch zeit seines Lebens schwierig und von wenig Liebe und Nähe geprägt gewesen.[29]

Tatsächlich sah Gandhi in Kasturbai und den vier Söhnen nicht mehr wirklich seine Frau und seine Kinder. Sie waren für ihn nur noch ein Teil seiner Gefolgschaft. Satyagrahis.

Einmal wurde Gandhi von einem Journalisten gefragt: »Wie geht es Ihrer Familie?«

»Ganz Indien ist meine Familie«, antwortete er.[30]

Noch viel mehr wird aber kritisiert, dass Gandhis enthaltsame Lebensweise nur auf Kosten anderer möglich war. Alleine hätte er sich sein experimentelles Leben und das seiner wachsenden Anhängerschaft niemals finanzieren können. Nur durch die wiederholten Geldspenden wohlhabender Gönner war der Ashram überhaupt möglich. »Es kostete das Land ein Vermögen, Gandhi ein Leben in Armut zu ermöglichen«, klagt die Dichterin und Gandhis spätere Vertraute Sarojini Naidu.

»Ohne die großzügige Unterstützung von mächtigen Indust-
riellen hätte es weder einen Ashram noch das Satyagraha je
geben können.«[31]

Da mag was Wahres dran sein. Doch bei aller berechtigten
Kritik darf nicht vergessen werden: Erst die finanzielle Unterstützung anderer ermöglichte Gandhi seine kompromisslose
und selbstlose Haltung, mit der er sich für die Belange seiner
indischen Mitbürger einsetzte.

❋

Im Dezember 1916 nahm Gandhi an der Jahresversammlung
des Indischen Nationalkongresses teil. In einer der Pausen kam
ein älterer Mann zu ihm. Sein Gesicht war von Wind und Sonne gegerbt, seine Kleidung ärmlich und schmutzig. Er sagte:
»Sie werden mir helfen.«

»Werde ich das?«, fragte Gandhi amüsiert.

»Das hat man mir versprochen.«

»Wer?«

»Einer der Kongressabgeordneten. Eigentlich hatte ich mit
ihm reden wollen, aber dann hat er mich an Mahatma Gandhi
verwiesen. Der sind Sie doch, oder?«

»So nennt man mich. Wer sind Sie?«

»Ich heiße Raijkumar Shukla. Ich bin Indigo-Bauer in der
Region Champaran.«

»Die ist mir kein Begriff.«

»Sie liegt viele Tagesreisen von hier, an der Grenze zu Nepal,
in den Vorbergen des Himalaja. Hier wird Indigo von tausenden Pflanzern angebaut und verarbeitet, aber sie haben darunter sehr zu leiden.«

»Und deswegen wollen Sie mit mir reden«, stellte Gandhi
fest.

Shuklas Gesicht bekam einen traurigen Ausdruck.

»Die Bauern in Champaran müssen nicht nur 15 Prozent ihres Pachtlandes mit Indigo bepflanzen, sondern auch die ganze Indigo-Ernte als Pacht an ihre Grundherren abgeben.«

»Bekommen sie denn keine Entschädigung für den Verzicht auf das Ackerland?«

»Das wohl, aber diese Entschädigung wiegt den Verlust von 15 Prozent nicht auf.«

»Ich verstehe«, sagte Gandhi.

Shukla sah ihn erwartungsvoll an. »Was sagen Sie dazu?«

»Ich kann dazu nichts sagen, so lange ich mich nicht selbst von der Situation überzeugt habe.«

»Dann kommen Sie mit nach Champaran.«

»Tut mir leid«, bedauerte Gandi, »aber ich habe andere Pläne. Dafür muss ich durch das ganze Land reisen.«

»Dann werde ich Sie begleiten«, beschloss Shukla und wich von diesem Tag an nicht mehr von seiner Seite.

Jeden Tag bat er Gandhi um einen Abstecher nach Champaran. »Bitte, nur einen Tag«, bettelte er, »und Sie werden die Situation mit eigenen Augen erleben.«

»Es tut mir leid«, wiederholte Gandhi unermüdlich, »ich habe im Augenblick andere Verpflichtungen. Aber ich verspreche Ihnen hoch und heilig, ich werde kommen.«

Damit schien sich Shukla zufriedenzugeben und wollte in sein Dorf zurückkehren. Doch als Gandhi seinen Ashram erreichte, wartete Shukla bereits auf ihn. »Mahatma«, rief er, »wann haben Sie vor zu kommen?«

»Also gut, ich komme«, willigte Gandhi ein, beeindruckt von Shuklas Hartnäckigkeit, »aber nicht länger als ein, zwei Tage.«

Indien

In Champaran traf sich Gandhi mit Indigo-Bauern, Geschäfts-leuten und örtlichen Anwälten, die die Landwirte vor Gericht vertraten. Als er hörte, dass sie für ihre juristischen Dienste Honorare von den leidgeprüften Bauern verlangten, schimpfte er sie aus. Den Bauern empfahl er, auf Gerichtsverfahren zu verzichten.

Ich hatte gelernt, an die bessere Seite der menschlichen Natur zu appellieren und zu den Herzen der Menschen vorzudringen.[32]

Stattdessen suchte er das Gespräch mit der Gegenseite. Die British Landlords Association war daran nicht interessiert. Also wandte sich Gandhi an den Gouverneur für die Region Champaran.

Auch dort bekam er keinen Termin. Man forderte ihn auf, aus der Gegend zu verschwinden. Gandhi fuhr nach Motihari, der Hauptstadt von Champaran. Hunderte Bauern versammelten sich zu seinem Empfang. Zwar hatte noch keiner von ihnen je den Namen Gandhi gehört, aber es hatte sich herumgesprochen, dass ein Mahatma gekommen war, um ihnen zu helfen.

Als er sich auf den Weg zu einem der Bauern machen wollte, der von seinem Gutsherrn misshandelt worden war, hinderte ihn die Polizei an der Weiterreise. Sie forderte ihn auf, Champaran unverzüglich zu verlassen. Natürlich widersetzte sich Gandhi dem Befehl. Am nächsten Tag bekam er eine Gerichtsvorladung. Als er sich auf den Weg zum Gericht machte, demonstrierten Tausende Bauern vor dem Gebäude. Die Polizei war überfordert.

Gandhi half, die aufgebrachte Menschenmenge zu beruhigen. Weil auch der stellvertretende Gouverneur keine Ahnung hatte, wie er mit dieser ungewöhnlichen Situation umgehen sollte, ließ er die Gerichtsverhandlung verschieben. Dann ordnete er nach ein paar Tagen die Einstellung an. Gandhi hatte seinen ersten Satyagraha-Sieg in Indien errungen.

Nun bereitete er sich auf die Auseinandersetzung mit den Gutsherren vor. Dazu holte er sich die Hilfe mehrerer Anwälte, die bereit waren, mit ihm unentgeltlich für die Sache der Bauern zu kämpfen. Gemeinsam befragten sie mehr als 10000 Indigo-Landwirte, nahmen deren Aussagen auf und sammelten Beweise.

Aus den ein, zwei Tagen, die er hatte bleiben wollen, wurden sieben Monate. In dieser Zeit verschaffte sich Gandhi auch einen Eindruck vom Leben der Bauern in Champaran. Es unterschied sich nicht sonderlich von dem der Landwirte anderer Regionen Indiens. Ihre Dörfer waren verdreckt und die Straßen verschmutzt. Sanitäranlagen gab es keine. Hautkrankheiten waren an der Tagesordnung.

Gandhi half, Grundschulen zu eröffnen. In ihnen wurde weniger Lesen, Schreiben und Rechnen unterrichtet, sondern hauptsächlich traditionelle Werte, gute Manieren und Sauberkeit vermittelt. Er überzeugte die Dorfbewohner von seinen Visionen der Satyagraha, des Spinnrads, des Khadi und des »Hind Swaraj«.

Bei den Briten sorgten seine Aktivitäten für Argwohn. Wiederholt lud ihn der stellvertretende Gouverneur zu Gesprächen ein. Auf Gandhis Forderung hin wurde ein Untersuchungsausschuss ins Leben gerufen. Auf der einen Seite saßen überforderte Regierungsbeamte und wütende Gutsherren, auf der anderen Seite kauerte Gandhi ganz alleine.

Er legte die gesammelten Beweise vor. Diese ließen keinen Zweifel daran, in welchem Ausmaß die britischen Gutsherren jahrelang betrogen hatten. Notgedrungen stimmten sie nicht nur der Abschaffung ihrer ausbeuterischen Pachtverträge zu, sondern auch einer Rückzahlung an die Bauern. »Aber wie viel genau müssen wir zahlen?«

»50 Prozent!«, sagte Gandhi.

Die Gutsherren schluckten.

»25 Prozent!«, wagte einer von ihnen zu widersprechen.

»Einverstanden«, verkündete Gandhi.

Die Gutsherren schwiegen verblüfft. Keiner hatte erwartet, so schnell einen so großzügigen Kompromiss zu finden. Für Gandhi jedoch war nicht eine Rückzahlung das Ziel seiner Arbeit gewesen. Ihm war es von Anfang an darum gegangen, den Grundherren zu zeigen, dass sie nicht nur Rechte, sondern auch Pflichten hatten. Und den Bauern, dass sie nicht nur Pflichten, sondern auch Rechte hatten – und dass sie diese sehr wohl einfordern konnte, wenn sie nur den Mut dazu aufbrachten.

Auch eine krumme Politik wird im Laufe der Zeit gerade, wenn man sich selbst nur treu bleibt.[33]

※

Gandhis Einsatz für die Indigo-Bauern sprach sich herum. Noch während er sich in Champaran aufhielt, war er bereits mehrfach aus anderen Orten um Hilfe gebeten worden.

Nach einer schlechten Ernte litten die Bauern im Kheda-Distrikt unter der hohen Grundsteuer, die sie zu bezahlen hatten. Gandhi sollte ihnen bei den Verhandlungen mit den Briten helfen. Zur gleichen Zeit demonstrierten die Textilarbeiter in den Fabriken von Ahmedabad gegen die zu niedrige Bezahlung für zu viele Arbeitsstunden. Gandhi sollte sie bei ihren Forderungen nach höheren Löhnen und besseren Arbeitsbedingungen unterstützen.

Er entschied sich für eine Rückreise nach Ahmedabad. Dort suchte er das Gespräch mit den Fabrikeigentümern. Zu ihnen gehörte auch jener Mann, der vor gar nicht so langer Zeit mit einer überraschenden Geldspende den Fortbestand des Ashrams gesichert hatte. Doch weder er noch die anderen Fabrikbesitzer wollten sich jetzt mit Gandhi als Vermittler auseinandersetzen.

Gandhi riet den Arbeitern zum Streik. Zuvor nahm er ihnen das Satyagraha-Gelübde ab. Was immer geschehen würde, sie dürften nicht zu Gewalt greifen, sich nicht bestechen lassen, nicht betrügen, stattdessen ihren Lebensunterhalt mit einer anderen, ehrlichen Arbeit verdienen. Daran müssten sie sich so lange halten, bis sie ihr Ziel erreicht hätten.

Tausende Textilarbeiter legten das Gelübde ab. Täglich marschierten sie durch die Straßen der Stadt und hielten ein Banner in den Händen, das die Aufschrift trug: »Ek Tek« – Haltet das Gelöbnis. Jeden Morgen versammelten sie sich am Ufer des Sabarmati, wo Gandhi sie zum Durchhalten ermunterte. Nach zwei Wochen verloren die Streikenden ihren Mut. Streikbrecher übernahmen die Fabrikarbeit. Einige der Streikenden drohten ihnen mit Gewalt. Viele wollten ihre Arbeit wieder aufnehmen.

Mehrere Tage lang quälte sich Gandhi mit der Frage, wie er die Kapitulation verhindern konnte. Dann, eines Morgens, als er erneut eine Rede vor den Arbeitern halten wollte, kam ihm die rettende Idee. Sollte der Streik nicht fortgesetzt werden, würde er zu fasten beginnen. Die Arbeiter protestierten und wollten ihrerseits mit dem Fasten beginnen, so lange, bis die Fabrikbesitzer ihren Forderungen nachkamen. Gandhi widersprach. Er überredete sie dazu, an ihrem Gelübde festzuhalten, den Streik fortzusetzen und dabei auf Gewalt zu verzichten. Für ihn war das Fasten schließlich nichts Neues. Seit seinem Studium in London hielt er regelmäßig Diät, mal aus religiösen, mal aus medizinischen Gründen. Jetzt allerdings fastete er zum ersten Mal einer öffentlichen Sache wegen. Es war für ihn aber mehr als nur ein Weg, die Streikenden an ihr Gelübde zu binden. Er war überzeugt, das Fasten setze wie seine asketische Lebensweise Kräfte frei, die sich positiv auf seine Umgebung auswirken.

Einer, dessen Geist der tierischen Leidenschaft widersteht, ist fähig zu jeder Tat.[34]

In gewisser Weise sollte er recht behalten. Die Fabrikbesitzer reagierten verärgert, weil sie sich durch sein Fasten erpresst fühlten. Andererseits war er Mahatma Gandhi, der seit seinem Erfolg in Champaran einen großen Einfluss auf die Menschen zu haben schien. Drei Tage später unterbreiteten sie ihm einen Vorschlag zur Verbesserung der Arbeitsbedingungen in den Fabriken. Die Arbeiter feierten Gandhi als ihren Helden.

Ihm blieb keine Zeit zum Luftholen. In Kheda warteten die Bauern noch immer auf seine Unterstützung. Nach wie vor litten sie unter der schlechten Ernte und der hohen Grundsteuer. Gandhi riet den Landwirten, die Steuern nicht zu bezahlen. Zuvor nahm er auch ihnen das Satyagraha-Gelübde ab. Die Regierung reagierte mit Beleidigungen und Drohungen. Als diese zu nichts führten, begannen die Beamten, die Häuser, Höfe und Tiere der Bauern zu pfänden, und sperrten die Landwirte ins Gefängnis.

Anders als die Fabrikarbeiter in Ahmedabad blieben die Leute in Kheda ihrem Gelübde treu. Zum ersten Mal nahm nun auch die Presse Notiz von Gandhis gewaltloser Widerstandsbewegung. Täglich berichteten die Zeitungen über die Ereignisse in Kheda. Derart unter Druck gesetzt, machte die Regierung Anfang 1918 schließlich ein Angebot: Die reichen Bauern sollten ihre Steuern sofort bezahlen, den armen Bauern wurde eine

Stundung gewährt. Obwohl nicht hundertprozenig glücklich damit, ging Gandhi darauf ein. Die Bauern hatten lange genug gelitten, viele waren ruiniert. Aber wieder hatte eine Satyagraha-Kampagne die Briten zum Einlenken bewegt.

Unterdessen erreichte der Erste Weltkrieg seinen traurigen Höhepunkt.

Kapitel 8

So viele Tote wie möglich

Satyagraha in Indien, 1918–1928

Im Ersten Weltkrieg, der von 1914 bis 1918 dauerte, bekämpften sich ca. 70 Millionen Soldaten weltweit mit modernsten Waffen. Erstmals wurden chemische Kampfgase eingesetzt. Auf hoher See kam es zu unerbittlichen U-Boot-Schlachten. Über 7 Millionen Soldaten starben.

Je länger der Krieg dauerte, umso stärker drohten die nationalen Bewegungen Aufwind zu bekommen. Die britische Regierung sah in der wachsenden Unabhängigkeitsbewegung in Indien einen gefährlichen Konfliktherd. Um diese zu unterdrücken, erließ sie Notstandsgesetze. Das bedeutete zum Beispiel, dass indische Zeitungen nicht mehr frei berichten durfen. Nationalisten wurden auf bloßen Verdacht hin, etwas gegen die Regierung im Sinn zu haben, verurteilt. Sogar liberale Führer des Indischen Nationalkongresses fanden sich im Gefängnis wieder.

Auch in Gandhi erkannten die Briten eine potentielle Gefahr. Verhaften ließen sie ihn dennoch nicht. Zu groß war ihre Angst, dass dann erst recht unter seinen zahlreichen Anhängern Unruhen ausbrechen würden. Außerdem wollten sie die Popularität, die Gandhi in weiten Teilen der Bevölkerung genoss, lieber für sich selber nutzen. Der britische Vizekönig Lord Chelmsford lud ihn zu einem Gespräch ein. Er schilderte

Gandhi die verheerenden Folgen für Indien, sollte das Britische Empire den Krieg verlieren.

»Und was erwarten Sie jetzt von mir?«, fragte Gandhi.

Lord Chelmsford nickte, als hätte er die Frage erwartet. »Ich erwarte von Ihnen, Mr. Gandhi, dass Sie noch mehr Inder für den Kriegseinsatz gewinnen.«

»Wie soll ich das machen?«

»Sie haben Einfluss auf Ihre Landsleute.«

Und Sie haben viele meiner Landsleute verhaftet, dachte Gandhi, sprach es aber nicht aus. Stattdessen schaute er den Vizekönig eindringlich an. »Sie glauben allen Ernstes, dass ich mich auf Ihre Seite stelle?«

»Mr. Gandhi«, Lord Chelmsford erwiderte Gandhis Blick, als könnte er Gedanken lesen, »wir können über all Ihre Probleme herzlich streiten, aber bitte erst nach dem Krieg.«

Gandhi zögerte. Hatte er den Worten des Vizekönigs die Bereitschaft zur Versöhnung entnehmen können? Er verwarf seine Zweifel und rief seine Landsleute zur Unterstützung der Briten auf. Doch als er ein weiteres Mal die Dörfer Indiens bereiste, um Soldaten für den Krieg zu rekrutieren, schlug ihm Unverständnis entgegen. Wie konnte er als Gegner jeglicher Gewalt sie dazu auffordern, zu den Waffen zu greifen? Ausgerechnet für die Briten? So oft hatte man ihnen geholfen und ebenso oft war man von ihnen enttäuscht worden.

Doch allen Enttäuschungen zum Trotz, Gandhi wollte und konnte nicht von seinem festen Glauben abrücken.

Vertrauen auf die menschliche Natur ist ein Hauptbestandteil der Satyagraha.

Er vertraute den Worten Lord Chelmsfords. *Nach dem Krieg*, hatte der britische Vizekönig erklärt, *nicht jetzt*. Gandhi war überzeugt, dass sich seine Loyalität zu den Briten über kurz oder lang auszahlen würde. Doch sosehr er seine Landsleute bisher zu begeistern wusste, diesmal verweigerten sie ihm die Gefolgschaft. Das Einzige, was er nach Wochen vergeblicher Bemühungen erreichte: Er wurde krank.

＊

Wochenlang hatte sich Gandhi nur von Erdnussbutter und Zitronen ernährt. Zu wenig, als dass sein von Diätexperimenten und Fastenkuren geschwächter Körper wieder zu Kräften hätte kommen können. Das anstrengende Umherreisen und die Ablehnung der Leute, die ihn enttäuschte, gaben ihm den Rest. Mit einem schmerzhaft entzündeten Dickdarm kehrte er in seinen Ashram zurück. Er war kaum zu einem klaren Gedanken fähig. Dennoch wies er alle ärztliche Hilfe zurück, er wollte sich weder Medizin verschreiben noch Spritzen geben lassen. Stattdessen fastete er noch mehr, um seinen Körper und Geist von allen schädlichen Einflüssen zu befreien. Er wurde immer dünner und schwächer. Gandhi litt unter Fieber, Schüttelfrost, Durchfall und Gelenkschmerzen und bekam nun erst recht keinen Bissen mehr hinunter. Er glaubte, jeden Augenblick zu sterben.

Bis sich ein neuer Arzt bei ihm vorstellte. Gandhi hatte noch nie von ihm gehört, und er entpuppte sich als merkwürdiger Kauz, der ihm mit seiner Eigenbrötelei sehr ähnlich war. Der Arzt war das, was man heutzutage unter einem Heilpraktiker versteht. Er glaubte an Heilmittel, die die richtigen Ärzte während ihres Studiums nicht kennenlernten. So schlug er zur Heilung Gandhis eine »Eisbehandlung« vor, bei der Eisstücke auf dem ganzen Körper verteilt wurden. Weil es sich dabei um eine äußere Anwendung handelte, willigte Gandhi ein. Tatsächlich stellte sich eine Besserung seines Zustands ein. Er unternahm kurze Spaziergänge und bekam wieder Appetit. Doch als der kauzige Doktor zu einer ausgewogenen Diät mit Eiern riet, wollte Gandhi nichts mehr von ihm wissen. Eiern hatte er seit seinem Studium in London abgeschworen. Andere Ärzte empfahlen ihm Milch. Auch gegen Milch hatte Gandhi längst ein Gelübde abgelegt.

»Aber gegen Ziegenmilch hast du kein Gelübde abgelegt«, sagte Kasturbai.

Gandhi war sich nicht sicher, was ihn mehr verblüffte: dass ausgerechnet seine Ehefrau ihm vorschlug, sein Gelübde zu brechen, oder dass sie ihn dabei mit seinen eigenen Worten überrumpelte. Zweifellos hatte er, als er vor vielen Jahren sein Milch-Gelübde abgelegt hatte, an die Milch aller Tiere gedacht. Doch gesprochen hatte er dabei nur vom grausamen Melken der Kühe und Büffel, das er nicht mehr unterstützen konnte. Über Ziegen hatte er kein Wort verloren.

Wäre Gandhi nicht so krank gewesen, hätte er wahrscheinlich widerstanden. Jetzt aber brach er sein Gelübde. Er begann Ziegenmilch zu trinken – und sollte es bis zu seinem Tod beibehalten. Er bereute es immer wieder und hielt es für ein Zeichen der Schwäche. Doch sein Überlebenswille war groß und sein Wunsch noch größer, wieder in den Satyagraha-Kampf zu ziehen. Zwar war seit November 1918 der Krieg zu Ende, dennoch planten die Briten eine Verschärfung der Notstandsgesetze.

❋

Tausende indische Soldaten kehrten in ihre Heimat zurück. Sie waren verwundet und traumatisiert von den Gräueln auf den Schlachtfeldern. Von ihren Landsleuten scherte sich niemand um ihr Schicksal. Viele Inder kämpften selber um ihr Überleben. Die wirtschaftliche Lage im Land war schlecht und die Armut nahm stetig zu. Es drohte eine Hungersnot. Die britische Kolonialregierung befürchtete Unruhen.

Ein Ausschuss unter dem Vorsitz des englischen Richters Sidney Rowlatt empfahl 1919 die Notstandsgesetze auf unbestimmte Zeit zu verlängern. Mit dem sogenannten Rowlatt Act sollten Aufstände verhindert und vermeintliche Verschwörungen aufgedeckt werden. In der Realität bedeutete dies, dass die Regierung weiterhin jede verdächtige Person ohne Gerichtsverfahren verhaften, einsperren und deportieren durfte.

Gandhi war schockiert. Immer wieder hatte er sich loyal gezeigt und versucht, die Inder mit den Briten zu versöhnen. Erneut hatte er für das Britische Empire in den Krieg ziehen wollen und dafür die Anfeindungen seiner Landsleute ertragen. Um ein Haar hatte es ihn sogar das Leben gekostet.

Endgültig begriff Gandhi, dass die britische Regierung ihn wieder nur hingehalten hatte. Sie wollte ihre Macht nicht mit den Indern teilen, geschweige denn sie ihnen übertragen.

Andererseits zeigte ihm der Rowlatt Act, wie sehr die Briten sich inzwischen vor der indischen Unabhängigkeitsbewegung fürchteten, wenn sie sich keinen anderen Rat mehr wussten als die Verschärfung der Notstandsgesetze. Obwohl gesundheitlich noch von seiner Krankheit und einer Operation zur Entfernung einiger Fissuren stark geschwächt, gründete Gandhi »Satyagraha Sabha«. So nannte er die Versammlung, der sich aus ganz Indien prominente Anhänger der Unabhängigkeitsbewegung anschlossen. Mit ihnen plante Gandhi nach dem Vorbild seines Erfolgs in Südafrika jetzt auch in Indien eine landesweite Satyagraha.

Abermals durchreiste er das Land, um die indische Bevölkerung auf sein Vorhaben einzuschwören. Häufig fühlte er sich

dabei so schwach, dass Weggefährten seine Reden halten mussten. Egal, wohin er kam, die Menschen versprachen ihm ihre
Unterstützung. Außer öffentlichen Protestversammlungen fiel
ihnen aber keine wirkungsvolle Aktion ein. Gemeinsam mit
den Mitgliedern des Satyagraha Sabha überlegte Gandhi, wie
sie eine landesweite Satyagraha erfolgreich ausrichten konnten.
Keiner von ihnen hatte eine vielversprechende Idee.

Am 18. März 1919 trat der Rowlatt Act in Kraft. Gandhi fand
die ganze Nacht keinen Schlaf, so verzweifelt und wütend war
er. Irgendwann schlief er dann doch ein. Am nächsten Morgen
erwachte er mit einer Idee.

✳

Für Gandhi war das Satyagraha eine Form der religiösen Selbstreinigung. Den Kampf gegen die britischen Kolonialherren hielt
er für einen heiligen Kampf. Es erschien ihm daher konsequent,
diesen Kampf mit einem Akt der Selbstreinigung zu beginnen.
Alle Inder sollten für 24 Stunden ihre Arbeit einstellen, stattdessen einen Tag des Fastens und des Gebets begehen.

Gandhi nannte die Aktion »Hartal«, ein Wort aus dem Gujarati, das soviel heißt wie »Streik«. Oder: »Tag der Trauer«.

»Es ist der Versuch, den religiösen Geist in die Politik einzu-
führen«, verkündete er. »Wir wollen nicht länger an die Lehre
des ›wie du mir, so ich dir‹ denken; wir wollen auch nicht Haß
mit Haß vergelten, nicht Gewalt mit Gewalt, Böses mit Bösem.
Wir müssen uns dauernd und unaufhörlich bemühen, Böses
mit Gutem zu vergelten … Nichts ist unmöglich.«[35]

In dieser Hoffnung legten vor allem in den indischen Großstädten Geschäftsleute, Ladeninhaber, Angestellte, Diener, Fab-
rik- und Hafenarbeiter das Hartal-Gelübde ab. Doch weil Gandhi in der Planung einer Aktion dieses Ausmaßes unerprobt

war, missglückte der landesweite Streik. In Neu-Delhi fand er schon am 30. März statt, in Bombay und Ahmedabad beispielsweise erst am 6. April. In Neu-Delhi war es außerdem zu blutigen Zusammenstößen mit der Polizei gekommen. Als Gandhi zu Hilfe eilen wollte, nahmen ihn die Briten auf halbem Weg fest. Sie fuhren ihn zurück nach Bombay, wo sie ihn wieder freiließen. Doch das Gerücht, er sei verhaftet worden, hielt sich hartnäckig unter seinen Anhängern. Es kam zu weiteren Auseinandersetzungen in Bombay, Ahmedabad und in Amritsar, einer Stadt in der Provinz Punjab. In Amritsar ließ die Provinzregierung zwei prominente Führer des Indischen Nationalkongresses verhaften, was die aufgebrachte Menschenmenge noch mehr in Wut versetzte. Chaos brach aus. Britische Privathäuser und Einrichtungen gingen in Flammen auf, einige ihrer Bewohner wurden erschlagen und erschossen.

Gandhi war entsetzt. Wie hatte es zu diesen Gewaltausbrüchen kommen können? War sein Aufruf zum Hartal ein Fehler gewesen? Waren seine Landsleute noch nicht bereit für Satyagraha? Zur Buße wollte er drei Tage lang keine Nahrung zu sich nehmen. Er forderte alle Inder auf, ebenfalls 24 Stunden lang zu fasten.

Am 13. April trafen sich Tausende Inder im Jallianwala Bagh. Das war ein Park in Amritsar, der von hohen Häusermauern umschlossen war. Es gab kaum Ausgänge. Obwohl die Menschenansammlung friedlich verlief, postierte der britische General Reginald E. H. Dyer bewaffnete Soldaten an den Parkausgängen. Ohne Aufforderung an die Menschen, das Gelände zu verlassen, ließ er das Feuer eröffnen. 379 Kinder, Frauen und Männer kamen ums Leben, 1137 Menschen wurden verletzt.

Etliche Wochen später hatte sich General Dyer vor einer Untersuchungskommission zu verantworten. Auf die Frage, welches Ziel er mit dem Einsatz verfolgt habe, erklärte er, er habe alle Leute erschießen wollen. Er wäre sogar mit einem Panzer gegen sie vorgegangen, hätte das Fahrzeug durch den schmalen Parkeingang gepasst. Weil das nicht der Fall gewesen sei, hätte er seine Soldaten angewiesen, auf jene Menschenmengen zu schießen, die am dichtesten beieinanderstanden. So wären größtmögliche Verluste zu erzielen gewesen.

Dyer wurde für das Blutbad strafrechtlich nicht belangt. Er wurde lediglich als General abgelöst, nahm seinen Abschied vom Militärdienst und kehrte nach England zurück. Zeit seines Lebens blieb er jedoch der Ansicht, er hätte mit seinem Angriff auf die indischen Kinder, Frauen und Männer etwas Gutes bewirkt.

Gandhis erste landesweite Satyagraha-Kampagne hatte in einem Blutbad geendet. Er selbst übernahm die Verantwortung dafür. Er verkündete, es sei ein »himalajahoher Fehler« gewesen, seine Landsleute zu der Bewegung aufzurufen. Er erklärte sie vorerst für beendet. Ihn selbst trieb sein Schuldgefühl zu noch mehr Aktionismus an.

Im Mai 1919 übernahm Gandhi die Herausgeberschaft der englischsprachigen Wochenzeitschrift *Young India*. Nur wenig später gab er auch die Gujarati-Monatszeitung *Navajivan* heraus. Um ihre Unabhängigkeit zu bewahren, weigerte er sich, die Zeitungen durch Werbung zu finanzieren. Da es nach den schrecklichen Vorfällen in Amritsar vorerst nicht infrage kam, eine neue Satyagraha-Kampagne zu starten, konnte er wenigstens mithilfe der Zeitungen seine Gedanken und Visionen unters Volk bringen und auf diese Weise seinen Landsleuten Mut und Hoffnung zusprechen. Nach wiederholten Briefwechseln mit Lord Chelmsford bekam er Ende 1919 die Genehmigung, in die Provinz Punjab reisen zu dürfen. Am Bahnhof von Amritsar wurde Gandhi von einer großen Menschenmenge erwartet. Die Leute feierten ihn als Hoffnungsträger im Widerstand gegen die britischen Besatzer.

Die Briten boten ihm eine Mitarbeit im Untersuchungsausschuss an, der zur Klärung der Ereignisse im Jallianwala Bagh gegründet worden war. Gandhi lehnte ab. Stattdessen sollte er auf Bitten des Indischen Nationalkongresses eine eigene, inoffizielle Untersuchungskommission leiten. Nur ihm traute man einen objektiven Bericht zu. Der Bericht, den er drei Monate später vorlegte, reichte zu seinem Entsetzen weit über das Blutbad in Amritsar hinaus. Wie nirgendwo anders in Indien hatten die Briten in Punjab mit Tyrannei geherrscht: Menschen waren willkürlich verhaftet und ohne Gerichtsverfahren ausgepeitscht worden. Noch während er die Untersuchungskommission leitete, baten ihn indische Muslime um Hilfe.

❋

Seit ihr Mogulreich zerfallen war, fühlten sich die Muslime in Indien als eine unterdrückte Minderheit. Konflikte zwischen ihnen und den Hindus waren an der Tagesordnung. Die britischen Kolonialherren hatten diese Auseinandersetzungen jahrehundertelang zusätzlich angefacht, indem sie die beiden größten Bevölkerungsgruppen Indiens immer wieder gegeneinander ausspielten. Auch auf diese Weise konnten die Briten ihre Macht in Indien dauerhaft festigen. Muslime und Hindus kämpften die meiste Zeit gegeneinander anstatt miteinander für ihre Freiheit.

Mit Ende des Ersten Weltkriegs veränderte sich das Feindbild der Muslime. Das Osmanische Reich war der britischen

Armee unterlegen und sollte zerschlagen, sein Kalif entmachtet werden. Zahlreiche indische Muslime war schockiert. Auch sie verehrten den Kalifen als Stellvertreter Mohammeds, als das geistige Oberhaupt des Islams, als ihren religiös-politischen Führer. Um ihn im Kampf gegen die Briten zu unterstützen, gründeten sie in Indien die Khilafat-Bewegung.

Gandhi erkannte die Gunst der Stunde. Schon in Südafrika konnte er die Muslime für einen erfolgreichen Kampf gegen die britischen Kolonialherren gewinnen. Jetzt wollte er sie auch in Indien mit den Hindus vereinen. Im November 1919 bot er der Khilafat-Bewegung seine Unterstützung an. Im Gegenzug erhoffte er sich den Beistand der Muslime im Kampf für die Unabhängigkeit Indiens. Doch wie konnte ein gemeinsamer Widerstand gegen die Briten aussehen?

»Wir sollten britische Kleidungsstücke boykottieren«, schlug einer der Redner vor.

Ein anderer zweifelte: »Wie wollen wir britische von anderen Kleidungsstücken unterscheiden?«

»Dann boykottieren wir alle Kleidungsstücke, die aus dem Ausland kommen!«

»Und was, wenn die indische Industrie es nicht schafft, ausreichend Kleidung herzustellen, um den Bedarf aller Inder zu decken?«

Während die Muslime diskutierten, reifte in Gandhi eine Idee. Als er eine Rede halten sollte, verlor er nicht viele Worte. Was auch daran lag, dass er im Hindi keinen passenden Ausdruck für seinen Vorschlag gefunden hatte. Also sagte er auf Englisch: »Non-co-operation«. Was soviel bedeutete wie: »Keine Zusammenarbeit«. Sein Plan war folgender: Sollten die Briten wie angedroht den Kalifen entmachten, würden Hindus und Muslime gemeinsam eine landesweite Satyagraha-Bewegung

Für Gandhi ist die Arbeit am Spinnrad das Symbol für die Freiheit Indiens, Ende der 20er Jahre.

durchführen. Dann sollte jegliche Zusammenarbeit mit den Briten boykottiert werden. Egal ob als Diener in den Privathäusern, als Arbeiter in den Fabriken, als Lehrer in den Schulen oder als Anwälte vor Gericht: Kein Inder sollte mehr einen Handschlag für die britische Regierung tätigen.

Einen Monat später fand in Amritsar die Jahresversammlung des Indischen Nationalkongresses statt. Die Abgeordneten erwarteten von Gandhi eine ähnlich euphorische Rede zur »Kampagne der Nichtzusammenarbeit«. Zu ihrem Erstaunen verlor er kein Wort darüber.

Gandhi hielt es für ein positives Zeichen, dass die Briten die Kongressversammlung in der Nähe des Jallianwala Bagh erlaubten. Außerdem waren am Vortag die angesehenen Muslim-Führer Mohammed und Shaukat Ali aus der Haft entlassen worden. Noch am gleichen Abend hatte der britische König die Montagu-Chelmsford-Reformen angekündigt, die benannt waren nach dem Vizekönig Lord Chelmsford und dem britischen Außenminister Edwin Samuel Montagu. Mit diesen lang erwarteten Maßnahmen würde, so der König, den Indern endlich mehr Selbstbestimmung eingeräumt werden. Obwohl der König nicht verriet, wie genau diese Reformen aussehen würden, schenkte Gandhi ihm Vertrauen.

Vertrauen auf die menschliche Natur ist ein Hauptbestandteil der Satyagraha.

Deshalb nahm Gandhi Abstand von seiner Kampagne der Nichtzusammenarbeit. Stattdessen empfahl er dem Nationalkongress, den angekündigten Reformen zuzustimmen. Doch nicht alle Kongressabgeordneten trauten den Briten über den Weg. Auch Bal Gangadhar Tilak lehnte die Reformen ab. Tilak war radikaler Nationalist und einer der einflussreichsten Führer im Nationalkongress. Aus Respekt vor Tilaks Verdiensten wollte Gandhi nicht nur seine Empfehlung zurückziehen, er wollte nicht einmal mehr eine Rede halten. Doch ein Großteil der 7031 Abgeordneten – so viele wie noch nie – war ausschließlich wegen Gandhi zur Versammlung gekommen.

Um seine Anhänger nicht zu enttäuschen, bemühte er sich um eine Lösung, die auch Tilaks Forderungen gerecht wurde. Nach hitzigen Diskussionen wurde Gandhis Empfehlung, den angekündigten Montagu-Chelmsford-Reformen zuzustimmen, mit großer Mehrheit angenommen. Von diesem Tag an war klar: Der Indische Nationalkongress war ohne Gandhi nicht mehr denkbar. Für ihn selbst war es der Beginn seiner politischen Arbeit, zum ersten Mal übernahm er ein politisches Amt. Nur kurze Zeit später begann er sich auch in der Home Rule League zu engagieren. Dabei war Politik nie sein Bestreben gewesen. Zwar gehörte der politische Wandel in Indien zu seinem erklärten Ziel, aber sein Weg war stets von moralischen, sozialen, religiösen Grundsätzen geprägt. Inzwischen jedoch hatte er begriffen: »Politik umgibt uns heute wie die Windungen einer Schlange, aus denen man sich nicht befreien kann, wie man es auch versucht. Deshalb will ich den Kampf mit der Schlange aufnehmen.«[36]

Mit den Montagu-Chelmsford-Reformen hatte der britische König den Indern mehr Selbstbestimmung versprochen. Tatsächlich gab es danach in jeder indischen Provinz eine vom Volk gewählte Provinzregierung sowie indische Minister, die die Fachbereiche Erziehung, Gesundheit, Industrie, Landwirtschaft und Verbrauchssteuer verwalteten. Eine Entscheidungsfreiheit besaßen aber weder die Provinzregierungen noch die Minister. Beschlüsse durften nur in Abstimmung mit dem britischen Gouverneur in der jeweiligen Provinz getroffen werden. Der Gouverneur hatte das alleinige Sagen über Polizei und Finanzen. Der britische Vizekönig wiederum entschied über die indische Rechtsprechung, die Außen- und die Verteidigungspolitik. Über die in Indien gültigen Gesetze beriet das Parlament in London. Die Reformen entpuppten sich als eine Mogelpackung.

Aus Protest schickte Gandhi die Medaillen zurück, mit denen er für seinen Kriegseinsatz in Südafrika ausgezeichnet worden war. Als er im April 1920 zum Präsident der Home Rule League gewählt wurde, ließ er deren Mitglieder über die Kampagne der Nichtzusammenarbeit abstimmen – sehr zum Leidwesen bedeutender Mitglieder wie Muhammad Ali Jinnah.

Einst hatte sich Gandhi mit dem Muslim-Führer überworfen, als er ihn öffentlich wegen einer englischsprachigen Rede gemaßregelt hatte. Das hatte Jinnah ihm bis heute nicht verziehen. Jinnahs Gesinnung war nach wie vor liberal und westlich geprägt. Er strebte eine Unabhängigkeit Indiens durch Loyalität mit den Briten an. Von Gandhis Kampagne der Nichtzusammenarbeit hielt er nichts. Noch weniger begeistert war er von Gandhis Werben um die Khilafat-Bewegung, die Jinnah für rückständig und gefährlich hielt, weil sie sich für den Machterhalt des osmanischen Kalifats einsetzte. Gandhi dagegen hielt die Ablehnung des Muslim-Führers für engstirnig. Er war überzeugt, Jinnah verkenne die großen Veränderungen, vor denen Indien stand. Diese seien eine einmalige Gelegenheit, die man ergreifen müsse – jetzt und gemeinsam!

Bei der nachfolgenden Abstimmung setzte sich Gandhi durch. Jinnah und andere Mitglieder erklärten daraufhin ihren Austritt aus der Home Rule League. Nur wenige Wochen später trat Gandhi ein zweites Mal vor die Khilafat-Bewegung. Deren Anhängern war inzwischen klar geworden, dass die Briten nicht von ihren Plänen abrückten. Sie würden das Osmanische Reich zerschlagen und den Kalifen entmachten. Dementsprechend groß war die Zustimmung für die Kampagne der Nichtzusammenarbeit.

Gandhi kündigte für den 31. Juli einen Tag des Fastens und der Gebete an. Am 1. August sollte landesweit die Zusammenarbeit mit den Briten eingestellt werden. Am selben Tag verstarb Bal Gangadhar Tilak. Auch wenn Gandhis Kampagne der Nichtzusammenarbeit schleppend anlief, es gab keinen Zweifel daran, dass nur er Tilaks Position übernehmen konnte. Nahezu einstimmig wurde er Anfang September auf einer Sonderversammlung in Kalkutta zum neuen Führer des Indischen Nationalkongresses gewählt.

Drei Monate später traf sich der Kongress zur Jahresversammlung. Mit 14000 Indern kamen erneut mehr Abgeordnete denn je. Sie ließen keinen Zweifel daran, wie groß Gandhis Einfluss inzwischen auf die indische Bevölkerung war. Statt europäischer Kleidung trug die Mehrzahl der Abgeordneten Khadi. Nur wenige sprachen Englisch, fast alle redeten Hindi. Es gab kaum noch wohlhabende, träge Abgeordnete, sondern viele junge, begeisterte Inder aller Religionen, Kasten und Berufsgruppen. Sogar die Ärmsten der Armen waren gekommen.

Gandhi zog die Menschen wie kein anderer in seinen Bann. Wenn er sprach, hingen sie an seinen Lippen. Zum ersten Mal fühlten sie sich von einem ihrer Führer verstanden. Er war einer von ihnen.

Er sprach ihnen Mut zu und machte ihnen Hoffnung. Er gab ihnen das Selbstbewusstsein zurück, das ihnen in den Jahrzehnten der Unterdrückung durch die Kolonialherren ausgeprügelt worden war. Begeistert jubelten sie ihm zu. Und Gandhi versprach ihnen in seiner Euphorie, binnen eines Jahres das »Hind Swaraj« zu erreichen – die Unabhängigkeit Indiens.

Mit überwältigender Mehrheit stimmten die Abgeordneten seiner Kampagne der Nichtzusammenarbeit zu. Angesichts dieses großen Rückhalts gelang Gandhi bald darauf auch eine Reform des Indischen Nationalkongresses. Er schuf aus ihm eine Massenorganisation, die mit gewählten Abgesandten aus allen Bevölkerungsschichten und aus allen Provinzen Indiens wirkungsvoll politische Arbeit betreiben konnte. Kein Zweifel, das war vor Gandhi bisher niemandem gelungen, vor allem nicht auf gewaltlosem Weg: Inder aller Bevölkerungsgruppen und

-schichten schlossen sich zu einer großen friedlichen und starken Einheit zusammen.

❋

Anfang 1921 ging Gandhi wieder auf Reisen. In Städten und Dörfern schwor er Tausende begeisterter Menschen auf seine Kampagne der Nichtzusammenarbeit ein. Unermüdlich predigte er ihnen das Satyagraha, das Swadeshi, das Tragen des Khadi und die Arbeit am Spinnrad. Vor allem das Spinnrad war für ihn zum ultimativen Symbol der Selbstversorgung und damit einer unabhängigen indischen Gesellschaft geworden. Immer wieder forderte er seine Zuhörer auf, zu spinnen und zu weben.

Er ging mit bestem Beispiel voran und legte ein weiteres Gelübde ab. Jeden Tag wollte er eine halbe Stunde vor dem Mittagessen an einem eigens für ihn hergestellten, tragbaren Spinnrad arbeiten. Bis zu seinem Tod hielt er sich an den Schwur und spann selbst während öffentlicher Reden, Auftritte und Empfänge prominenter Gäste. Als Kleidung besaß er nur noch einen Dhoti, einen schlichten weißen Lendenschurz, den er am Spinnrad gewoben hatte, dazu trug er Sandalen und eine schmucklose Brille. Deutlicher hätte er seine Solidarität mit Millionen armer Inder nicht ausdrücken können.

Die Zahl seiner Anhänger vermehrte sich beinahe stündlich. Die Kampagne der Nichtzusammenarbeit begann sich zu entfalten. Studenten verließen die britischen Universitäten. Arbeiter blieben den britischen Fabriken fern. Rechtsanwälte erschienen nicht mehr vor britischen Gerichten. Politiker boykottierten die Provinzwahlen, die die Briten mit den Montagu-Chelmsford-Reformen eingeführt hatten. Im Frühjahr 1921 blieben 500 000 Inder ihrer Arbeit fern.

Eine Unabhängigkeit Indiens rückte entgegen Gandhis Versprechen nicht in Sicht. Stattdessen reagierten die Briten mit Verhaftungen und Gefängnisstrafen. Die Menschen verloren nicht nur die Hoffnung, sondern auch ihren Mut. Gandhi sah sich zu wirkungsvolleren Maßnahmen genötigt und stimmte dem Boykott britischer Textilien zu. Während einer Versammlung in Bombay forderte er die Menschen auf, all ihre ausländischen Kleidungsstücke auf einen Haufen zu werfen, den er eigenhändig anzünden würde.

Die Leute trugen Hosen, Jacken, Röcke, Socken und Unterwäsche zusammen. Viele Männer zogen sich an Ort und Stelle nackt aus. Sie schichteten ihre Kleidungsstücke zu einem meterhohen Scheiterhaufen und übergossen ihn mit Benzin. Unter großem Beifall setzte Gandhi ihn in Brand. Die Menge feierte das himmelhoch lodernde Feuer als Höhepunkt der Kampagne der Nichtzusammenarbeit.

Für Gandhi war es nur der Anfang. Er forderte seine Landsleute auf, in den nächsten Tagen noch mehr Feuer zu entzünden, auch auf die Gefahr hin, dass man sie dafür ins Gefängnis steckte. Aber wenn alle 300 Millionen Inder seinem Aufruf folgten, würden die Briten früher oder später kapitulieren müssen. Für so viele Menschen ständen gar nicht genug Gefängnisse zur Verfügung.

Da kündigte der Prince of Wales seinen Besuch in Indien an.

✳

Als der britische Kronprinz im November 1921 durch Bombay gefahren wurde, begrüßten ihn keine freudig jubelnden Inder. »Go home«, riefen sie wütend und lieferten sich Straßenschlachten mit der Polizei. 58 Hindus, Muslime und Parsen kamen ums Leben. Betrübt über die Gewalt, drohte Gandhi damit, so lange zu fasten, bis sich die Menschen wieder beruhigt hätten. Fünf Tage musste er auf Nahrung verzichten.

Unterdessen ging die britische Kolonialregierung mit aller Härte gegen die Anhänger der Kampagne der Nichtzusammenarbeit vor. Als sich im Dezember der Indische Nationalkongress zur Jahresversammlung traf, fehlte ein Großteil führender Abgeordneter. Sie und 30000 andere Inder saßen im Gefängnis. Einzig Gandhi war verschont geblieben. Erneut hatten die Briten ihn nicht zum Märtyrer machen wollen.

Abermals bestellte ihn der britische Vizekönig zu sich. Diesmal schlug Lord Chelmsford vor: »Mr. Gandhi, lassen Sie uns über Ihre Forderungen reden.«

»Ich weiß nicht, was wir reden wollen.«

»Es geht um Ihr Land.«

»Es geht um meine Landsleute, die sich in Haft befinden.«

»Aus gutem Grund.«

»Und aus diesem Grund sehe ich keinen Grund, mich auf einen Kompromiss mit Ihnen einzulassen«, erklärte Gandhi und beendete die Unterredung. In den Tagen danach überdachte er sein Vorgehen. Bislang hatte er seine Landsleute nur zum Boykott britischer Arbeit und Waren aufgerufen. Das alleine war nicht wirkungsvoll genug. Die indischen Nationalisten bedrängten ihn seit Wochen, seine Kampagne der Nichtzusammenarbeit um den Bruch britischer Gesetze zu erweitern.

Gandhi beschloss, die Zahlung der Grundsteuer zu verweigern. Vorerst beschränkte er die Kampagne auf Bardoli, eine Region in seiner Heimat Gujarat, wo die britische Provinzregierung den Bauern eine Steuererhöhung androhte. Noch ehe die Menschen in Bardoli mit der Aktion beginnen konnten, kam es am 4. Februar 1922 zu erneuten Auseinandersetzungen. Im nordindischen Dorf Chauri Chaura setzte eine aufgebrachte Menschenmenge das örtliche Polizeirevier in Brand. 21 Beamte starben.

Entsetzt über den Gewaltausbruch, erklärte Gandhi die Kampagne der Nichtzusammenarbeit für beendet. Viele seiner Anhänger reagierten mit Unverständnis. Nicht zum ersten Mal war es zu gewaltsamen Ausschreitungen gekommen. Wieso war der Zwischenfall in Chauri Chaura so bedeutsam, dass dafür die Kampagne geopfert werden musste?

Gandhi dagegen fasste die Ereignisse als ein Zeichen Gottes auf: Seine Landsleute seien, so erklärte er, noch nicht reif für eine gewaltfreie Satyagraha.

Nicht ohne Genugtuung nahmen die Briten zur Kenntnis, dass sich Gandhis Anhängerschaft spaltete. Die Landbevölkerung war ihm nach wie vor treu ergeben. Die politischen Führer in den Städten verziehen ihm seine Entscheidung nicht. Für den britischen Vizekönig war Gandhi als Politiker erledigt. Aus diesem Grund sah Lord Chelmsford auch keinen weiteren Handlungsbedarf. Doch die Regierung in London witterte eine Chance, den Unruhestifter endlich aus dem Weg zu räumen. Wenn nicht jetzt, wann dann? Am 10. März 1922 ließen sie Gandhi verhaften.

»Bauer und Weber«, erklärte er dem Richter auf die Frage nach seinem Beruf.

In einer ausführlichen Stellungnahme gab er die Straftaten zu, die man ihm zur Last legte: Unruhestiftung und Illoyalität. Der Richter war beeindruckt von dieser Offenheit. Er zollte Gandhi Respekt für die hohen Ideale und das edle, heilige Leben, das er führte. Dann verurteilte er ihn zur Höchststrafe – sechs Jahre Haft.

Gandhis Anhänger brachen in Tränen aus. Er selbst lächelte, während er ins Yeravda-Zentral-Gefängnis in Poona überstellt wurde. In der März-Ausgabe der *Young India* erschien ein Artikel, den Gandhi bereits Tage zuvor unter der Überschrift »Wenn ich verhaftet werde« geschrieben hatte. Darin verlangte er von seinen Anhängern, auf jegliche Gewalt zu verzichten. Er würde es als eine große Schande empfinden, würden sie sich über seinen unmissverständlichen Wunsch hinwegsetzen. Es kam zu keinerlei Ausschreitungen.

❋

Auch im Gefängnis blieb Gandhi seinem Gelübde treu. Zwei Jahre lang werkelte er jeden Tag eine halbe Stunde an seinem kleinen Spinnrad. Den Rest der Zeit lernte er Sprachen, las hinduistische Bücher, aber auch Werke über das Leben Mohammeds und über andere Weltreligionen. Regelmäßig studierte er die Bhagavadgita.

Anfang 1924 erwachte er mit Bauchschmerzen. Die Ärzte diagnostizierten eine akute Blinddarmentzündung und ließen ihn ins Krankenhaus überstellen. Die Operation verlief problemlos. Gandhi, der in der Vergangenheit wiederholt gegen die moderne Medizin gewettert hatte, dankte den Ärzten, in dem er ihnen Bewunderung für ihre medizinischen Erfindungen und den Fortschritt zollte.

Als ein Abszess seine Gesundung verzögerte, entließ ihn die britische Regierung vorzeitig aus der Haft. Noch heute rätseln Gandhis Biografen, ob die Entlassung eine großmütige Entscheidung der Briten gewesen war oder ob sie nur möglichen Unruhen unter Gandhis Anhängern hatten zuvorkommen wollen.

Gandhi war zwar noch immer geschwächt von der Krankheit, dennoch beschloss er, sich so bald wie möglich seiner Verantwortung zu stellen. Er wollte wieder die Führung des Indischen Nationalkongresses übernehmen und die Kampagne der Nichtzusammenarbeit fortsetzen. Doch während seiner zwei Jahre in Haft hatte sich vieles verändert.

Kongressabgeordnete hatten die Swaraj-Partei gegründet und sich in die Provinzregierungen wählen lassen, die seit den Montagu-Chelmsford-Reformen existierten. Da ihnen die jeweiligen Provinzparlamente nur wenig Selbstbestimmung einräumten, wollten sie auf diesem Wege beweisen, wie sinnlos die Montagu-Chelmsford-Reformen waren. Sie forderten die sofortige Unabhängigkeit Indiens.

Gandhi lehnte den Plan der Swaraj-Partei ab. Die meisten ihrer Abgeordneten wollten wiederum nichts mehr von seiner Kampagne der Nichtzusammenarbeit wissen. Auch für seine Resolution zur Verurteilung terroristischer Gewalttaten konnte er nur eine knappe Mehrheit gewinnen. Das enttäuschte ihn als Verfechter der Gewaltlosigkeit fast noch mehr. Unter Tränen übergab er die Führung des Indischen Nationalkongresses an die Dichterin Sarojini Naidu. Ebenso groß war seine Enttäuschung, als er erfuhr, dass auch das Bündnis zwischen Hindus und Muslimen keine Zukunft mehr besaß.

❋

Während Gandhi im Gefängnis gesessen hatte, wurde in Ankara am 29. Oktober 1923 die Republik Türkei ausgerufen. Es entstand jedoch kein muslimischer Staat. Stattdessen ersetzte der erste Präsident Mustafa »Atatürk« Kemal die arabische Schrift durch die lateinische, verbot religiöse Kleidung, ließ Mann und Frau gleichstellen und setzte eine höhere Schulbildung und den Universitätszugang für Mädchen und Frauen durch. Zu guter Letzt schaffte er 1924 das Kalifat ab. Die Türkei war eine weltliche Republik.

Es gab also nichts, wofür die indische Khilafat-Bewegung noch hätte kämpfen können. Sie löste sich auf. Damit stand auch die von Gandhi initiierte Zusammenarbeit von Muslimen und Hindus vor dem Ende. Schlimmer noch: Landesweit entflammten wieder die Konflikte zwischen beiden Bevölkerungsgruppen.

Nicht ganz unschuldig daran war die Hindu-Vereinigung Hindu Mahasabha, die sich als politische Gegenkraft zu den indischen Muslimen verstand. Aus ihr war nun die hindu-nationalistische Rashtriya Swayamsevak Sangh (RSS) hervorgegangen, die keine Gelegenheit zur Provokation der Muslime ausließ. Gandhi rief sowohl Hindus als auch Muslime, die sich zu Racheakten veranlasst sahen, zur Besinnung auf. Seine Worte fanden kein Gehör. Die Konflikte eskalierten. 155 Menschen starben bei einer Auseinandersetzung im nordöstlichen Kohat. Die gesamte Hindu-Bevölkerung floh vor den Muslimen.

Schockiert über die immer neuen Gewalttaten, kündigte Gandhi im September 1924 ein dreiwöchiges Fasten an. Seine Weggefährten rieten ihm davon ab. Sein Körper war geschwächt nach dem zweijährigen Gefängnisaufenthalt, nach der Blinddarmoperation und dem Abszess, der noch immer nicht abgeheilt war. Wiederholte Reisen, Versammlungen, Ansprachen und die herben Enttäuschungen hatten ihm ebenfalls zugesetzt.

Obwohl das Fasten seinen Tod bedeuten konnte, betrachtete Gandhi es als seine Pflicht. Nicht, weil er Hindus und Muslime zur Freundschaft zwingen wolle, wie er seinen Anhängern erklärte. Er wollte lediglich ihren Blick auf die Wichtigkeit, Notwendigkeit, Dringlichkeit und Heiligkeit der Sache richten, für die er im Haus des befreundeten Muslim-Führers Mohammed Ali fastete.

Alle Muslime sollten begreifen, dass der Hindu Gandhi und der Muslim Mohammed Brüder waren. Und alle Hindus sollten begreifen, dass ihr Mahatma Gandhi sein Leben in die Hände eines Muslim gelegt hatte. Konnte es einen besseren Beweis für die Freundschaft zwischen Hindus und Muslimen geben? Nach 21 Tagen beendete er das Fasten. Er war nur noch ein Schatten seiner selbst, ausgemergelt und bleich. Seine Stimme war nur ein kraftloses Flüstern. Doch die Streitigkeiten zwischen Hindus und Muslimen hatte er nicht verhindern können. Im Gegenteil: Als er neben hinduistischen Liedern und christlichen Gebeten auch Suren aus dem Koran zitiert hatte, war ihm von den Muslimen Gotteslästerung vorgeworfen worden. Entkräftet, aber noch mehr enttäuscht zog er sich in seinen Ashram zurück, wo er ein Jahr des Schweigens ausrief. 52 Wochen lang wollte er jeden Montag kein Wort mehr von sich geben – aus Protest gegen die Geschwätzigkeit und Streitigkeiten der Menschen.

✳

Gandhi hatte sich aus Politik und Öffentlichkeit zurückgezogen. Von seinen Visionen rückte er allerdings nicht ab, auch wenn sein Hauptaugenmerk für den Moment weniger den Satyagraha-Kampagnen und dem »Hind Swaraj« galt. Nach allem, was geschehen war, hielt er die Menschen dafür noch nicht reif genug. Er war zur Überzeugung gelangt, sie erziehen zu müssen. Wenn er mit den Besuchern seines Ashrams sprach, hob er die fünf Finger seiner linken Hand. Er zupfte am Daumen. »Das ist die Freundschaft zwischen Hindus und Muslimen.«

»Was ist mit den anderen Fingern?«, fragten die Leute.

Gandhi zupfte am Zeigefinger. »Das ist die Abschaffung der Unberührbarkeit.«

»Und der Mittelfinger?«

»Die Abkehr vom Alkohol. Der vierte Finger ist die Gleichberechtigung der Frauen. Der fünfte das Spinnen. Das Handgelenk, das alle fünf Finger verbindet, ist die Gewaltlosigkeit, mit der die fünf Tugenden euren Körper befreien – und Indien von der Abhängigkeit der Briten.«

Er ließ keinen Zweifel daran, dass er selbst lebte, was er predigte. Er suchte das friedliche Gespräch mit Muslimen. Er gab sich mit den Unberührbaren ab und setzte sich dafür ein, dass sie Zugang zu Tempeln und Brunnen erhielten. Jeden Tag zur Mittagsstunde klappte er sein Spinnrad aus und erfüllte sein Pensum.

Für seine Zeitung *Young India* verfasste er regelmäßig Berichte über das Handspinnen. Jede Woche stellte er auf Extraseiten die erfolgreichsten Handspinner des Landes vor. Er gründete die All India Spinners' Assocation, eine Gesellschaft, die die Tradition des Handspinnens weiterverbreiten sollte. Von den Satyagrahis seiner Ashram-Gemeinde ließ er Spinnräder herstellen, die landesweit vertrieben wurden. In Zukunft, so war es sein Ziel, sollten alle Inder selbst herstellen, was sie zum Leben brauchten. Auf diese Weise würden sie sich unabhängig von den Briten machen.

Es waren seine Worte, mehr aber noch seine Taten, die den Anhängern im ganzen Land Hoffnung und Selbstvertrauen einflößten. Bereitwillig folgten sie seinem Beispiel. 1926 zählte der Ashram mehr Anfragen, als die Satyagrahis Spinnräder herstellen konnten. Zuspruch fand Gandhi aber nicht mehr nur bei Indern. Die Engländerin Madeleine Slade, von Gandhi »Mirabehn« genannt, war die Tochter eines britischen Admirals, der in Bombay stationiert gewesen war. Obwohl in der englischen High Society aufgewachsen, verabscheute sie deren Luxus. Sie hatte kein Interesse an anderen Menschen und blieb lieber für sich alleine. Bis man ihr von Gandhi erzählte, dessen enthaltsames Leben genau ihren Vorstellungen entsprach. Auch sie schloss sich der Ashram-Gemeinde um »Bapu«, »Vater«, an und wurde eine enge Begleiterin von Gandhi.

Mit dem liebevollen Namen Bapu wurde Gandhi von den Mitgliedern seiner Ashram-Gemeinde angesprochen. Dieser Beiname war ihm allemal lieber als Mahatma, der ihm zeit seines Lebens nicht gefiel. Er selbst sah sich nicht als große Seele. Oder als Heiliger. Er sah sich als ein Mensch, der Gutes bewirken wollte.

Kapitel 9

Der Wunsch nach Klarheit

Salz-Satyagraha in Indien, 1928–1936

1922 wollte Gandhi in Bardoli, einer Region seines Heimatdistrikts Gujarat, eine Steuerverweigerungskampagne durchführen. Die britische Provinzregierung hatte den Bauern eine Grundsteuererhöhung angedroht. Gewaltsame Ausschreitungen bewogen Gandhi zum Abbruch seiner Aktion. 1928 drohten die Briten erneut mit einer Steuererhöhung. Nach ersten Protesten der Landwirte war der Anstieg zwar von 30 Prozent auf 22 Prozent korrigiert worden. Doch selbst das war nach einem schlechten Erntejahr und einer Hungersnot eine unzumutbare Steuerlast. Die Bauern forderten eine Untersuchungskommission zur Überprüfung der Steuererhöhung, aber der britische Provinzgouverneur lehnte ab. Die Landwirte baten Gandhi um Hilfe. Der fühlte sich aber noch nicht bereit für eine Rückkehr in die Öffentlichkeit. Er schickte Vallabhbhai Jhaverbhai Patel nach Bardoli.

Wie Gandhi war Patel in Gujarat geboren. Er hatte Jura in Indien, dann in London studiert. Anfangs hatte er einen englischen Lebensstil gepflegt, doch je größer seine Enttäuschung über die Briten wurde, desto mehr Gefallen fand er an Gandhis Visionen. Er gab seine Anwaltskanzlei auf, widmete sich der Politik, wurde Abgeordneter des Indischen Nationalkongresses und schloss sich Gandhis Ashram an. Nun trug er statt englischer Kleidung Khadi und gehörte zu Gandhis engsten Vertrauten.

In Bardoli bemühte sich Patel um den Zusammenhalt der verschiedenen Kasten und Religionsgruppen. Dann nahm er ihnen das Satyagraha-Gelübde ab. Von diesem Tag an weigerten sich die Bauern, ihre Steuern zu zahlen.

Keiner von ihnen wehrte sich, als die britischen Steuereintreiber anrückten und Grundstücke, Häuser sowie Tiere pfändeten. Niemand griff zu Gewalt, als die Polizei aufmarschierte, sie verhaftete und einsperrte. Indiens Zeitungen berichteten über die Aktion. Aus dem ganzen Land erfuhren die Bauern Unterstützung. Freiwillige Spenden sicherten ihnen das Überleben.

Gandhi rief zu ihren Ehren einen Tag der Trauer aus, an dem alle Inder die Zusammenarbeit mit den Briten einstellen sollten. Aus Angst vor einer Ausweitung der Steuerverweigerungskampagne gab der britische Provinzgouverneur den Forderungen der Bauern nach. Er richtete eine Untersuchungskommission ein. Wochen vergingen, bis diese zu dem Schluss kam, dass eine sechsprozentige Grundsteuererhöhung völlig ausreichend sei. Mittlerweile aber war die Provinzregierung derart verunsichert über die Beharrlichkeit der Landwirte, dass sie vorsorglich ganz auf eine Steuererhöhung verzichtete.

Dies war ein klarer Sieg für Gandhis Satyagraha-Kampagne, mit der sich außerdem ein Kreis geschlossen hatte.

Vor sechs Jahren hatte er seine Kampagne in Bardoli absagen, ins Gefängnis gehen und sich im Anschluss enttäuscht in seinen Ashram zurückziehen müssen, weil es landesweit zu Gewaltausbrüchen gekommen war. Jetzt hatte er ausgerechnet in Bardoli beweisen können, wie wirksam Satyagraha sein konnte, wenn alle Beteiligten zusammenhielten und dem Prinzip der

Gewaltlosigkeit treu blieben. Dieser Erfolg ebnete Gandhi den Weg zurück in die Politik. Denn zur gleichen Zeit kündigte Sir John Allsebrook Simon seinen Besuch in Indien an.

✳

Sir John Allsebrook Simon, britischer Jurist und Politiker, leitete eine Untersuchungskommission, die einen Bericht über die Lage der indischen Bevölkerung erstellen und mögliche Reformen vorschlagen sollte. Diese Reformen drohten wie einst die Montagu-Chelmsford-Reformen eine Mogelpackung zu werden. Nicht ein einziger Inder sollte an dem Bericht über die Lage der indischen Bevölkerung beteiligt werden. Die Simon-Kommission war ausschließlich mit Mitgliedern des britischen Parlaments besetzt.

Ganz offensichtlich hatten die Briten auch in Zukunft nicht vor, den Indern mehr Selbstbestimmung zu gewähren. Abgeordnete des Indischen Nationalkongresses baten Gandhi um Unterstützung.

Seit seinem Sieg in Bardoli galt er wieder als Garant für einen erfolgreichen Kampf gegen die Briten. Außerdem standen Indiens Bauern und Arbeiter mehr denn je hinter ihm und die einfachen Leute bildeten nun mal den größten Anteil an der indischen Bevölkerung.

Gandhi rief zusammen mit Kongressführern, Politikern und Nationalisten zu einer landesweiten Kampagne der Nichtzusammenarbeit auf: Keiner sollte der Untersuchungskommission bei der Arbeit helfen. Sogar Muhammad Ali Jinnah schloss sich diesem Boykott an. Jinnah war inzwischen Präsident der neu gegründeten Muslimliga geworden, der Partei liberaler, indischer Muslime.

Als die Männer der Untersuchungskommission von Bord ihres Schiffes gingen, wurden sie in Bombay von Demonstranten mit schwarzen Fahnen empfangen.

»Simon go back!«, schrien die Inder erbost. Allerorts verweigerten sie den Mitgliedern der Prüfungskommission die Antworten. Unterdessen trafen sich die indischen Politiker zu einer All-Parteien-Konferenz. Sie erstellten einen eigenen Bericht zur Lage der Nation. Dieser Bericht wurde benannt nach Motilal Nehru, einem der führenden Politiker im Indischen Nationalkongress und Vater von Jawaharlal Nehru, der ein enger Weggefährte Gandhis war. Der »Nehru-Bericht« enthielt als zentrale Forderung einen sogenannten Dominion-Status für Indien.

Mittlerweile hatten die Briten mehreren ihrer Kolonien einen Dominion-Status gewährt. Es bedeutete für diese Länder, dass sie sich selbst verwalten durften, aber weiterhin zum Britischen Empire gehörten.

Im Dezember 1928 wurde über den Nehru-Bericht während der Jahresversammlung des Nationalkongresses abgestimmt. Die muslimischen Abgeordneten um Muhammad Ali Jinnah lehnten ihn ab, weil er für ein selbst verwaltetes Indien eine gemeinsame Parlamentswahl aller Bevölkerungsgruppen vorsah – anstatt separater Wahlen, bei denen Hindus nur Hindus wählen durften, Muslime nur Muslime, Parsen nur Parsen, Sikhs nur Sikhs und so weiter. Bei einer gemeinsamen Wahl blieben die Muslime mit nur 14 Prozent Anteil an der indischen Gesamtbevölkerung immer in der Minderheit. Ihre Interessen würden niemals berücksichtigt werden.

Junge Abgeordnete wollten dem Bericht nicht zustimmen, weil sie anstelle einer Selbstverwaltung endlich die Unabhängigkeit forderten. Und dann waren da noch die radikalen Nationalisten, die sich weder mit einem Bericht noch mit Abstimmung oder langfristigen Forderungen aufhalten wollten, sondern auf der Stelle ein aktives Vorgehen verlangten.

»Ihr redet von Krieg?«, fragte Gandhi.

»Ja, einem Unabhängigkeitskrieg. Was halten Sie davon?«

»Nichts.«

»Und was halten Sie von einer indischen Armee?«

Gandhi dachte einige Sekunden nach. Dann sagte er: »Sobald Indien seine Unabhängigkeit erlangt hat, werde ich die Gründung einer indischen Armee befürworten – weil sie zur Gewaltlosigkeit führt.«

»Sie widersprechen sich.«

»Nein, tue ich nicht. Denn die Vergangenheit hat mir gezeigt, dass man manche Menschen nicht von Gewalt abhalten kann. Einer Armee wird es gelingen. Ihre Existenz wird unseren Frieden sichern.«

»Ich verstehe, aber ... noch sind wir nicht unabhängig.«

»Und deshalb versuche ich den Menschen zu erklären, wie sie ein Problem gewaltlos lösen.«

»Wie lange sollen wir unsere Probleme mit den Briten noch gewaltlos lösen?«

»So lange, wie es nötig ist.«

»Und wenn die Briten die Probleme gar nicht lösen wollen?«

»Das werden sie wollen, früher oder später, vertraut mir.«

Die Nationalisten verfielen in Schweigen. So oft hatten sie Gandhi schon vom gewaltlosen Widerstand reden hören. Häufig hatte es zu nichts geführt. Andererseits: Der Satyagraha-Erfolg in Bardoli sprach für ihn.

Gandhi, der um ihre Zweifel zu wissen schien, erklärte: »Setzen wir den Briten eine Frist.«

»Wie lange?«

»Zwei Jahre.«

»Nein, das ist zu lange. Nur ein Jahr!«

Gandhi zögerte. Er fühlte sich unter Druck gesetzt. Zugleich spürte er den Wunsch der Leute nach einer klaren und baldigen Entscheidung. Also willigte er ein. Die Kongressabgeordneten quittierten seine Zustimmung mit anhaltendem Applaus.

Ein denkwürdiger Moment: Lange Zeit hatte Gandhi mit sich und der Frage gerungen, ob er an der Jahresversammlung überhaupt teilnehmen sollte. Doch allen Differenzen und Enttäuschungen zum Trotz war der Kongress für ihn nach wie vor die mächtigste Interessenvertretung der indischen Bevölkerung. Und jetzt stand er plötzlich wieder an ihrer Spitze, nachdem es ihm gelungen war, die unterschiedlichen Gruppen für ein Ultimatum an die Briten zu vereinen.

Sollte Indien bis zum 31. Dezember 1929 nicht den Dominion-Status bekommen, würde die indische Bevölkerung mit einer landesweiten Satyagraha-Kampagne zur Erlangung ihrer völligen Unabhängigkeit beginnen.

Die ersten Monate nach dem Ultimatum verliefen ruhig. Gandhi reiste durchs Land und hielt Vorträge, mit denen er für seine Visionen von Satyagraha und *Hind Swaraj* warb. Wiederholt half er beim symbolträchtigen Verbrennen importierter Textilien. Er traf sich mit einflussreichen britischen Politikern. Doch seine Hoffnung auf eine Einigung zwischen Briten und Indern wurde enttäuscht. Außer höflichem Geplauder, einer Tasse heißem Tee und Gebäck wurde ihm nichts angeboten. Und Tee und Gebäck hatte er sowieso längst abgeschworen.

Einzig Lord Irwin schien die Lage zu begreifen, auf die die indische Nation zusteuerte. Er hatte Lord Chelmsford als britischen Vizekönig abgelöst. Irwin residierte in einem neuen Palast, der erst vor wenigen Monaten in Neu-Delhi errichtet worden war. Es war ein prunkvolles Gebäude, das wie kein anderes die Überheblichkeit britischer Macht symbolisierte. Von dort aus kontaktierte Irwin mehrfach das Parlament in London. Es signalisierte keinerlei Bereitschaft zum Einlenken.

Falls es bei den Briten je einen Willen zur Einigung gegeben hatte, verschwand dieser am 8. April 1929. Ein Sikh stürmte die Provinzregierung in Neu-Delhi, warf zwei Bomben und feuerte mit einer Pistole auf die britischen Abgeordneten. Zum Glück gab es nur einen Verletzten. Dennoch fürchtete Gandhi mehr denn je einen Unabhängigkeitskrieg. Er warnte: »Wenn Indien durch Gewalt erreicht, was für mich die sogenannte Freiheit ist, dann ist es nicht länger das Land meines Stolzes.«[37]

Im Dezember hatten die Briten noch immer nicht auf das Ultimatum reagiert. Auf der Jahresversammlung des Indischen Nationalkongresses forderten die Abgeordneten einstimmig den Austritt Indiens aus dem Britischen Empire und die Unabhängigkeit ihrer Nation. Alle Delegierten, deren Angehörige und Freunde wurden aufgefordert, ab sofort ihre Arbeit für die Briten niederzulegen, die Steuern zu verweigern und sich der Satyagraha-Kampagne anzuschließen, die Gandhi angekündigt hatte. Wie diese aussah und wann sie beginnen sollte, würde Gandhi entscheiden.

Der hatte zwar bereits einen konkreten Plan, trotzdem zog er sich erst einmal in seinen Ashram zurück. Sechs Wochen lang meditierte er, während nicht nur die Augen aller Inder, sondern auch die der Weltöffentlichkeit auf ihn gerichtet waren. Inzwischen berichteten auch die internationalen Medien über die Ereignisse in der britischen Kronkolonie. Gerade deshalb tat sich Gandhi schwer mit einer Entscheidung. Er spürte, dass die Anspannung seiner Landsleute so groß war, dass nur ein kleiner Funke genügte, um sich wieder in gewalttätigen Ausschreitungen zu entladen. Wie konnte er das verhindern? Er unternahm einen letzten Versuch zur Einigung.

Am 2. März 1930 richtete er einen Brief an den britischen Vizekönig. Er warf ihm vor, dass die Briten die indische Bevölkerung durch gezielte Ausbeutung arm gemacht hätten. Selbst für Salz müssten die Inder Steuern bezahlen, was die Ärmsten der Armen umso härter träfe, weil sie einen höheren Salzbedarf als die Reichen hätten, die nicht in der heißen Sonne auf den Feldern arbeiten müssten.

Er listete eine Vielzahl von Missständen auf, um deren Behebung er Lord Irwin bat: So forderte er die Abschaffung der Salzsteuer, die Senkung der Grundsteuer zur Entlastung der Bauern, ein Alkoholverbot, Schutzzölle für ausländische Textilien, die Befreiung aller politischen Gefangenen, die Halbierung des Wehretats und außerdem die Senkung der Gehälter höherer Beamter, was die Arbeit für Briten unattraktiver und die Einstellung von Indern nötig gemacht hätte. Sollten diese Forderungen nicht innerhalb von elf Tagen erfüllt werden, würde er zusammen mit seinen Anhängern das Salzmonopol brechen.

Die Reaktion des britischen Vizekönigs ließ nicht lange auf sich warten. Von seinem Sekretär ließ Lord Irwin einen Dreizeiler verfassen. Er habe den Brief zur Kenntnis genommen, drücke sein Bedauern über Gandhis Vorhaben aus und drohte ihm dafür mit Gefängnis. Auf die Forderungen ging er mit keinem Wort ein. Gandhi rief seine Landsleute zur Salz-Satyagraha auf.

※

Salz ist ein überlebenswichtiges Mineral für den menschlichen Körper. Es wird für den Knochenaufbau, das Nervensystem und

*Mahatma Gandhi und die Dichterin Sarojini Naidu während des Salzmarsches,
1930.*

die Verdauung benötigt. Um den Salzverlust durch Schweiß und Ausscheidungen auszugleichen, sollte jeder erwachsene Mensch mit seiner Nahrung täglich ein bis drei Gramm Salz verzehren. Bereits im Altertum war die Bedeutung von Salz bekannt. Schon die Sumerer und Babylonier benutzten Salz zur Konservierung ihrer Lebensmittel. Viele Städte und Länder brachten die Salzgewinnung und der Salzhandel zu Wohlstand und Einfluss. Salz war einer der begehrtesten Rohstoffe, als die ersten europäischen Seefahrer im 15. Jahrhundert vor Indien ankerten. Doch erst die britischen Kolonialherren hatten das indische Salz unter ihr Monopol gestellt. Seitdem war es jedem Inder verboten, Salz herzustellen oder zu verkaufen. Sie mussten ein Produkt, dass in ihrem Land in unerschöpflichen Mengen existierte, nicht nur den Briten abkaufen, sondern auch noch Steuern dafür bezahlen. Es gab also kein Produkt, das sich besser für Gandhis Pläne einer neuen, landesweiten Satyagraha eignete.

Am frühen Morgen des 12. März 1930 rief er seine Anhänger im Ashram zum Gebet. Danach stützte er sich auf einen Bambusstock, der drei Zentimeter dick und 137 Zentimeter lang war und über eine eiserne Spitze verfügte. Er blickte in die Gesichter der Kinder, Frauen und Männer. Er sah ihre Entschlossenheit.

»Wir marschieren im Namen Gottes«, rief er und machte sich mit 78 Satyagrahis auf den Weg nach Dandi.[38] Das Küstendorf lag 385 Kilometer weit entfernt am Arabischen Meer.

Bauern wässerten die steinigen Wege, damit kein Staub unter den Füßen der Wanderer aufwirbelte. In den Dörfern konnten die Menschen die Ankunft Gandhis kaum erwarten. Sie schmückten ihre Häuser in den Nationalfarben Indiens. Sobald Gandhi eintraf, versammelten sie sich zu Hunderten auf den

Dorfplätzen und hörten seiner Ansprache zu. Gandhi erinnerte an Satyagraha, an Khadi, dann setzte er sich hin und spann eine halbe Stunde an seinem Spinnrad. Dabei beschwor er die Leute, seinem Beispiel zu folgen.

Anschließend stand er auf und marschierte weiter. Täglich gingen sie ungefähr zwölf Meilen und die Anzahl der Begleiter und der Journalisten aus aller Welt wuchs von Tag zu Tag. Reporter folgten ihnen in Autos und schickten ihre Berichte und Fotos an die internationalen Zeitungen. In der ganzen Welt fieberten die Leser mit Gandhi und seinen Anhängern, die sich furcht- und gewaltlos gegen das Britische Empire auflehnten.

Die Briten verfolgten das Spektakel mit strenger Aufmerksamkeit, unternahmen aber nichts dagegen. Was sollten sie auch großartig machen? Zwar deutete alles auf einen Volksaufstand hin, doch eine Verhaftung des Rädelsführers Gandhi würde erst recht zu Unruhen führen. Es war eine verzwickte Lage. Die Briten setzten ihre ganze Hoffnung darauf, dass dem über 60-jährigen Gandhi auf seinem langen Marsch an die Küste früher oder später die Puste ausging.

Viele seiner Begleiter gaben auf halbem Weg erschöpft auf oder folgten ihm auf Ochsenkarren. Gandhi wanderte unermüdlich weiter. Nach 24 Tagen erreichte er sein Ziel. Inzwischen war die Menge, die ihm folgte, auf mehrere Tausend Inder angewachsen. Eine »gewaltlose Armee«, wie die internationale Presse staunend schrieb.

Gandhi zögerte nicht und ging ins Wasser. Für einige Sekunden kühlte er seine Füße, bevor er sich daran erinnerte, weshalb er den beschwerlichen Weg auf sich genommen hatte. Er kehrte zurück an den Strand. Ohne die Schmerzen in seinem Körper zu beachten, bückte er sich und nahm einige Brocken von den Salzkrusten, die die Wellen abgelagert hatten. Langsam zerbröselte er die Körner auf seiner Handfläche und hielt sie seinen Anhängern entgegen. Dann verließ er den Strand.

✳

Selbst Kritiker, die Gandhi »Verbohrtheit«, »Besessenheit« oder sogar »Irrsinn« vorwarfen, hielten die Salz-Satyagraha für einen genialen Schachzug. Kein Inder musste dafür ein großes Risiko eingehen. Jeder konnte ganz leicht die Briten herausfordern und ein Gesetz brechen. Es genügte, wenn man an den Strand ging und dort für den eigenen Bedarf ein paar Krümel von der Salzkruste nahm.

Gandhi hatte es vorgemacht. Tausende Bauern und Dörfler entlang der gesamten indischen Küste folgten seinem Beispiel, sammelten Salz am Strand oder stellten es aus Meerwasser selber her.

Lord Irwin reagierte mit Massenverhaftungen. Doch auch damit konnte der britische Vizekönig den Salzschmuggel in die Städte nicht verhindern. Abgeordnete des Indischen Nationalkongresses verteilten das Salz an die Bewohner. Jeder bezahlte, was er konnte. Wer kein Geld hatte, bekam das Salz umsonst. Die Prise Salz, die Gandhi vom Strand in Dandi aufgepickt hatte, wurde zu einem Rekordpreis von 1 600 Rupien versteigert.

Die Polizei stürmte die Büros des Nationalkongresses. Tausende Menschen formierten sich zum Protest. Hunderte wurden in Gewahrsam genommen. Die Leute in den Dörfern und Städten stellten ihr Salz selber her, indem sie auf ihren Häuserdächern Salzwasser in Pfannen abkochten. Unter ihnen waren Studenten, Professoren, Lehrer, Anwälte, Politiker und Kongressabgeordnete. Etliche von ihnen wurden zu zwei Jahren Gefängnis verurteilt. Doch Hunderttausende leisteten weiterhin Widerstand.

Die Regierung war machtlos. Die Polizei war überfordert und ging immer rücksichtsloser gegen die Bevölkerung vor. In Karachi versuchten die Beamten erst gar nicht mehr, einen Demonstrationszug aufzulösen, sondern eröffneten sofort das Feuer. Zwei Studenten kamen ums Leben. In Peshavar fuhr ein Panzerwagen in die Menge, bevor er sie unter Beschuss nahm. 70 Menschen fanden den Tod, Hunderte wurden verletzt ins Krankenhaus eingeliefert.

Tapfer trotzten die Inder der britischen Gewalt. Im festen Glauben an Gandhi und ihr Satyagraha-Gelübde verzichteten sie auf Gegengewalt. Stattdessen begannen sie zusätzlich zur Salz-Satyagraha die Zusammenarbeit mit den Briten zu verweigern. Sie zahlten keine Steuern mehr und boykottierten britische Textilien. Es gab kaum jemanden, der nicht mehr Khadi trug. Selbst in entlegenen Dörfern, in denen bis vor Kurzem noch politische Aktivitäten undenkbar gewesen waren, formierten sich die Menschen zu Demonstrationen. Ein indischer Politiker berichtete von der aufgeheizten Stimmung im ganzen Land, zu der Kongressmitglieder und ihre Unterstützer, die Vorträge in Zügen hielten, zusätzlich beitrugen.

Auch Gandhi war weiterhin auf Reisen. Unermüdlich warb er im ganzen Land bei Hindus, Muslimen, Parsen, Bengalen und Sikhs für seine Satyagraha-Kampagnen. Als er sah, wie einmütig und entschlossen die Menschen unterschiedlichster Kasten und Religionen seinem Aufruf folgten, entschied er sich zu einem weiteren kühnen Schritt. Er kündigte an, schon bald gemeinsam mit seinen Satyagrahis die Dharasana-Salzwerke in der Nähe von Bombay zu besetzen.

In Gedanken war er noch immer bei diesem Vorhaben, als er sich am Abend des 4. Mai 1930 erschöpft im Schatten eines Mangobaums zu Bett begab. Kurz nach Mitternacht wurde er von lautem Gepolter geweckt. Ihn blendete der Lichtstrahl einer Taschenlampe. Als sich seine Augen an das grelle Licht gewöhnt hatten, erkannte er 30 Polizisten, die mit Lanzen, Pistolen und Gewehren bewaffnet waren.

✳

Der 61-jährige Gandhi war müde und sein alter Körper schwach von den Anstrengungen der letzten Wochen. Jede seiner Bewegungen bereitete ihm Schmerzen. Dennoch richtete sich Gandhi auf.

Ein Offizier trat vor. »Ich suche Mohandas Karamchand Gandhi.«

»Das bin ich.«

»Sie sind verhaftet. Kommen Sie mit.«

»Darf ich mich bitte vorher waschen?«

»Selbstverständlich.«

Gandhi schlüpfte in seine Sandalen. Als er aufstand, ließ er sich die Schmerzen nicht anmerken. Er schleppte sich zum Tisch, wo er über einer Wasserschüssel seine Zähne putzte. »Weswegen bin ich eigentlich verhaftet worden?«

»Man hat mir den Befehl dazu erteilt.«

»Und warum?«

»Warten Sie, man hat mir den Befehl schriftlich gegeben.« Der Offizier richtete den Taschenlampenstrahl auf ein Blatt Papier und las vor, dass Gandhi aufgrund einer uralten Verordnung aus dem Jahr 1827 verhaftet und so lange ins Gefängnis gesteckt werden würde, wie es die Regierung für nötig hielt. Als er aufhörte zu lesen, waren mehr als zehn Minuten vergangen. Gandhi putzte immer noch seine Zähne. Der Offizier räusperte sich. »Können Sie sich bitte etwas beeilen?« Gandhi spülte seinen Mund mit Wasser, packte ein Buch, einige Zettel und einen Bleistift in einen kleinen Sack. »Jetzt möchte ich noch beten.«

Der Offizier presste die Lippen aufeinander. Diesmal beließ er es bei einem Kopfnicken.

Gandhi begab sich zu seinen Anhängern, die inzwischen erwacht waren und sich um sein Nachtlager versammelt hatten. Er erinnerte sie an ihr Satyagraha-Gelübde und betete mit ihnen. Dann wurde er von den 30 Polizisten zu einem Lastwagen abgeführt. Eine Stunde später fand er sich im Yeravda-Zentralgefängnis in Poona wieder. Diesmal hatte es weder eine Gerichtsverhandlung noch eine Verurteilung gegeben. Niemand hatte ihm gesagt, wie lange er in Haft bleiben würde. Erstaunlicherweise störte sich Gandhi nicht daran. Als er sich auf die Pritsche in seiner Zelle legte, soll er gelächelt haben. Endlich konnte er sich einmal ausschlafen.

Gandhis Verhaftung weckte die Wut seiner Anhänger. Dennoch blieben alle ihrem Gelübde treu und keiner griff zur Gewalt. Stattdessen beschlossen sie, Gandhis Vorhaben jetzt erst recht durchzuführen. Die Dichterin Sarojini Naidu wollte den Plan umsetzen, den Gandhi erst vor wenigen Tagen angekündigt hatte. Naidu, 1879 geboren, stammte aus einer vornehmen Brahmanenfamilie. Trotzdem hatte sie einen niederkastigen Arzt geheiratet und wurde dafür angefeindet. Sie begann sich für die Frauenbewegung einzusetzen, die sich vor allem um eine politische Beteiligung und um eine rechtliche Gleichstellung der Geschlechter im öffentlichen und privaten Raum starkmachte. Dabei lernte sie Gandhi kennen und ließ sich von seinen Visionen der Gewaltlosigkeit und Freiheit anstecken. Seitdem gehörte auch sie seinem engsten Freundeskreis an.

Wenige Tage nach seiner Inhaftierung marschierte sie an der Spitze von mehr als 2500 Frauen und Männern, mit denen sie in Dharasana die Salzwerke besetzen wollte. 240 Kilometer legten sie zu Fuß zurück. Jeden Tag nach dem Morgengebet warnte Naidu die Satyagrahis vor der Gewalt der Briten. Und sie beschwor sie, keinen Widerstand zu leisten. Sie sollten nicht einmal die Hände zu ihrem eigenen Schutz vor Schlägen erheben dürfen.

Als sie Dharasana erreichten, versperrten ihnen mehr als 400 Polizisten mit stählernen Schlagstöcken den Zugang zur Salzgewinnungsanlage. Die Beamten befahlen den Leuten, nach Hause zu gehen. Naidu führte die Menge weiter vorwärts. Mit ihren Stahlknüppeln schlugen die Polizisten auf die Köpfe der Menschen in der ersten Reihe. Keiner von den Satyagrahis hob einen Arm zum Schutz. Blutüberströmt sackten sie zu Boden. Die zweite Reihe der Frauen und Männer schritt über sie hinweg, schweigend, aber mit erhobenem Kopf. Auch sie wurden von den Polizisten niedergeschlagen. Die dritte Reihe trat vor, setzte sich demonstrativ zu Boden. Die Polizisten traten auf sie ein, knüppelten sie bewusstlos, zerrten sie beiseite, warfen sie in Gräben.

So ging es tagelang weiter. Hunderte Verletzte wurden von den Ärzten behandelt. Für zwei Männer kam jede Hilfe zu spät. In der nahen Industriestadt Sholapur hissten die Menschen aus Solidarität die Flagge des INC. In Peshawar verkündeten sie die Unabhängigkeit vom Britischen Empire. Die Briten ließen das Militär aufmarschieren. Mit Maschinengewehren schoss es auf die friedlichen Demonstranten.

Doch da waren die Berichte und Fotos von den blutigen Szenen in Dharasana längst durch die internationale Presse gegangen. Vor den Augen einer Weltöffentlichkeit entlarvten die

Zeitungsartikel die grausame Brutalität, mit der die Briten die friedlichen Bürger Indiens unterdrückten. Auf der ganzen Welt setzte ein Proteststurm ein.

Lord Irwin stand unter Druck. Es gab Hunderte Verletzte und Tote, die er zu verantworten hatte. Mehr als 100 000 Inder saßen in den britischen Gefängnissen, darunter fast alle wichtigen Führer des Indischen Nationalkongresses. Noch immer leisteten Millionen Inder gewaltlos Widerstand. Und nun setzten sich sogar Menschen auf der ganzen Welt für Gandhis Freilassung und die Anerkennung seiner Forderungen ein.

Am 26. Januar 1931 entließ der britische Vizekönig Gandhi und die anderen Führer des Indischen Nationalkongresses aus dem Gefängnis. 14 Tage später trafen sich Lord Irwin und Gandhi zu einem Gespräch im neu erbauten Palast des Vizekönigs. 17 Jahre lang war an dem prunkvollen Amtssitz in Neu-Delhi gebaut worden.

✳

Die Briten waren wenig erfreut über Gandhis Anblick. Winston Churchill, Parlamentsabgeordneter in London, empörte sich »über das ekelhafte und demütigende Schauspiel, daß dieser einstige Student, der heute ein aufrührerischer Fakir ist, halb nackt die Stufen hinaufgeht, die in den Palast des Vizekönigs führen, um dort als Gleichberechtigter mit dem Vertreter des Königs und Kaisers zu verhandeln und Besprechungen zu führen«.[39]

Es blieb nicht bei dem einen Treffen von Lord Irwin und Gandhi. Nach zähen Verhandlungen unterzeichneten sie am frühen Morgen des 5. März 1931 den sogenannten Neu-Delhi-Pakt. Die britische Regierung feierte den Vertrag als Erfolg, auch wenn sie einige Kompromisse hatte eingehen müssen. Sie entließ alle Gefangenen und erlaubte den Indern entlang der Küste die Salzgewinnung für den Hausgebrauch. Im Gegenzug behielten die Briten weiterhin das Sagen über Polizei, Finanzen, die Außen- und die Verteidigungspolitik. Gandhi hatte sich zur Beendigung aller Satyagraha-Kampagnen verpflichtet. Landwirte, die während der Aktionen keine Steuern entrichtet hatten, mussten diese nachzahlen. Außerdem würden sie auf eine richterliche Untersuchung der Polizeigewalt in Dharasana, Sholapur und Peshawar verzichten. Stattdessen sollte es weitere Gespräche am Runden Tisch geben, diesmal unter Beteiligung aller Führer des Indischen Nationalkongresses.

Für viele Kongressabgeordnete war der Neu-Delhi-Pakt eine große Enttäuschung. Für ein paar dürftige Zugeständnisse der Briten hatten sie und 100 000 andere Inder so viele Monate Gefängnis auf sich genommen? Dafür waren Hunderte Frauen und Männer von der Polizei fast totgeprügelt worden? Was war mit der indischen Unabhängigkeit? Sie oder wenigstens der Dominion-Status waren das eigentliche Ziel des Ultimatums gewesen.

»Weshalb haben Sie während der Vertragsverhandlungen nicht darauf bestanden?«, wurde Gandhi immer wieder gefragt.

Er nickte, als verstände er nur zu gut die Sorgen seiner Landsleute. »Es ist nur ein provisorischer Vertrag.«

»Also so etwas wie ein Waffenstillstand.«

»Eine gute Basis für weitere Gespräche, so würde ich es formulieren.«

»Sie meinen ...«

»Aber ja, unser Ziel bleibt weiterhin die indische Unabhängigkeit. Mit etwas anderem kann und möchte ich mich nicht mehr zufriedengeben.«

Seine Kritiker waren beruhigt. Auf einer Sonderversammlung

Trotz Wintertemperaturen trägt Gandhi bei seinem Besuch in London seinen schlichten Dhoti, 1931.

des Indischen Nationalkongresses bestimmten ihn die Abgeordneten zum einzigen Vertreter, der für sie an der nächsten Konferenz am Runden Tisch in London teilnehmen sollte.

Vor 43 Jahren hatte Gandhi London erstmals besucht. Er war ein schüchterner Student gewesen, der kein Fettnäpfchen ausgelassen hatte. Argwöhnisch war er von den Engländern beäugt worden. Als er am 12. September 1931 London erreichte, war seine Erscheinung nicht weniger auffällig. Trotz frostiger Wintertemperaturen trug er seinen schlichten Dhoti. Doch diesmal lächelte niemand über ihn. Im Gegenteil: Am Hafenkai erwartete ihn eine jubelnde Menschenmenge.

Jeder wollte den kleinen, tapferen Mann aus Indien in Augenschein nehmen. Wer keine Gelegenheit dazu hatte, warf einen

Indien

Blick in die Zeitungen. Reporter aus aller Welt folgten Gandhi auf Schritt und Tritt, notierten jede seiner Bewegungen und Begegnungen. Davon gab es mehr als genug, denn Hunderte Menschen suchten seine Nähe: Studenten, Vegetarier, Kaufleute, Unternehmer, Professoren, Parlamentsabgeordnete, der Erzbischof von Canterbury, die Reformpädagogin Maria Montessori oder Schriftsteller wie George Bernard Shaw und Schauspieler wie Charlie Chaplin. Auch wenn sich Gandhi nichts aus deren Prominenz machte, ihr Interesse wusste er sehr wohl zu schätzen. Ihre Bekanntheit half ihm, den Blick der Öffentlichkeit auf das Anliegen der Inder zu lenken. Der Radiosender CBS überredete ihn zu einer Radioansprache. Gandhi, der moderne Technik mit Skepsis betrachtete, betrat das Studio, setzte sich vor das Mikrofon und fragte verwirrt: »In das da muss ich sprechen?«

Das Mikrofon war bereits eingeschaltet. Weltweit hatten Millionen Menschen seine zaghafte Stimme vernommen. Dann begann er zu reden, über sein Heimatland, über seine Visionen, seine Forderungen, und mit jeder Minute wurde seine Stimme klarer, kräftiger, lauter.

Ein paar Tage später lud ihn der britische König Georg V. zu einem Empfang in den Buckingham Palast. Es gab genügend Differenzen zwischen dem König und Gandhi, über die die Journalisten im Vorfeld hätten schreiben können. Stattdessen bestimmte eine einzige Frage die Zeitungskolumnen: Würde Gandhi die für derartige Anlässe vorgeschriebene Kleidung tragen? Oder würde er sogar dem König höchstpersönlich die Stirn bieten?

Reportern, die ihn danach fragten, erklärte er: Er gedenke nicht, sich anders zu kleiden als bisher. Tatsächlich betrat er in schlichtem Dhoti und Sandalen den herrschaftlichen Palast.

Erhobenen Hauptes schritt er vorbei am königlichen Hofstaat, der sich in teuren Kleidern und Anzügen herausgeputzt hatte. Der König verzog keinerlei Miene über den skandalösen Aufzug.

Hinterher wurde Gandhi von einem Journalisten gefragt: »Glauben Sie, Sie hatten damit genug für den König an?«

»Ich glaube, der König hatte genug an für uns beide.« Gandhi lächelte.

Ein paar Tage später ließ er sich nach Lancashire fahren, wo er statt reicher, berühmter Menschen Textilarbeiter traf. Seit den Boykotten britischer Kleidungsstücke hatten viele Arbeiter ihre Jobs verloren. Gandhi war wiederholt vor dem Besuch bei den Textilarbeitern gewarnt worden. Sie würden ihre Wut an ihm auslassen. Doch er ließ sich nicht von seinem Vorhaben abbringen. Er wollte die Arbeiter um jeden Preis um Verständnis für die indischen Boykotte bitten. Denn anders als in Großbritannien, wo es nur drei Millionen Arbeitslose gab, zählte Indien dreihundert Millionen Menschen, die während der Sommermonate, in denen wegen der Hitze keine Landwirtschaft möglich war, ohne Arbeit waren und sich den Rest des Jahres ihr karges Mahl mit der Landarbeit verdienten.

Die britischen Arbeiter waren berührt von seinen Worten und erklärten ihre Solidarität mit den Indern. Als Gandhi die Rückfahrt nach London antrat, winkten sie ihm zum Abschied freudig zu. Weniger erfreulich verlief die Konferenz am Runden Tisch.

❋

Gandhi war vom Indischen Nationalkongress zur Teilnahme am Runden Tisch ausgewählt worden. Die anderen 100 indischen Konferenzteilnehmer hatte die britische Regierung ausgesucht. Sie vertraten die britischen Kaufleute, die Fürsten, die Grundbesitzer, die Nationalisten, die Liberalen, die Kommunisten, die Hindus, Muslime, Christen, Parsen und Sikhs. Sogar Vertreter der Unberührbaren waren anwesend.

Gandhi kritisierte, dass kein Vertreter der Bauern eingeladen worden war, die einen Großteil der indischen Bevölkerung ausmachten. Keiner der Anwesenden schenkte seinem Einwand Beachtung. Alle Konferenzteilnehmer waren darum bemüht, bei der Diskussion über eine indische Verfassungsreform das Beste für sich und ihre Interessengruppe herauszuschlagen. Denn die britischen Pläne für ein zukünftiges indisches Parlament sahen eine nach Bevölkerungsgruppen getrennte Wählerschaft vor.

Viele der Konferenzteilnehmer erkannten darin eine Chance, ihrer bislang benachteiligten Bevölkerungsgruppe zu mehr Einfluss zu verhelfen. Dr. Bhimrao Ramji Ambedkar tat sich dabei mit besonderem Eifer hervor. Ambedkar, 1891 als Kastenloser in Indien geboren, hatte in New York studiert. Er war als angesehener Anwalt in sein Heimatland zurückgekehrt, wo er sich für die Belange der Unberührbaren einzusetzen begonnen hatte. Als ihr Vertreter am Runden Tisch bestand er jetzt auf einem getrennten Wahlrecht auch für die Unberührbaren.

Gandhi war damit nicht einverstanden. Die Unberührbaren seien Teil der Hindus, so Gandhi, also sollten sie auch als Hindus wählen gehen. Darüber hinaus lehnte er grundsätzlich die Pläne der Briten ab. Ein getrenntes Wahlrecht führte seiner Meinung nach allenfalls zur Spaltung der Bevölkerungsgruppen, nicht aber zu ihrer Einigkeit und der Selbstbestimmung ihres Landes.

Die Konferenzteilnehmer fanden keine Einigung. Für Gandhi war klar, die britische Regierung verfolgte mit ihren Plänen weiterhin das Ziel, die Bevölkerungsgruppen Indiens gegeneinander auszuspielen, um auf diese Weise auch in Zukunft ihre Macht in Indien zu sichern.

Enttäuscht trat er die Rückreise an. In Indien erhoffte er sich mehr Erfolg bei weiteren Verhandlungen mit Lord Irwin. Der britische Vizekönig war zwischenzeitlich allerdings von Lord Willingdon abgelöst worden. Willingdon hielt nichts von freundlichen Gesprächen, die einem »machiavellistischen, herumfeilschenden, kleinen politischen Schwindler« wie Gandhi mehr Bedeutung beimaßen, als er verdiente.[40]

Kaum war Gandhi in Bombay angekommen, erklärte Willingdon den Indischen Nationalkongress für illegal und ließ etliche Abgeordnete verhaften. Er erhöhte die Salzsteuer und drohte allen, die sich der Zahlung verweigerten, mit der Beschlagnahmung ihrer Häuser, der Sperrung ihrer Bankguthaben, der Konfiszierung ihres Besitzes, der Inhaftierung ohne Gerichtsverfahren und Verurteilung. Er verkündete, keine Proteste, Demonstrationen, Streiks oder andere rebellische Akte zu dulden. Zeitschriften wie *Young India* seien verboten. Wer sich über seine Anordnungen hinwegsetze, müsse mit der ganzen Härte des Militärs rechnen. Gandhi schrieb beschwichtigende Briefe. Doch Willingdon ließ keinen Zweifel an seiner Ernsthaftigkeit. Gandhis freundliche Worte waren für ihn ein rebellischer Akt, vor dem er gewarnt hatte. Am 3. Januar 1932 ließ er Gandhi verhaften.

Gandhi führte sein Leben im Gefängnis fort wie bisher. Jeden Tag setzte er sich an sein Spinnrad. Er las »Faust« von Goethe, »Das Kapital« von Karl Marx, »Alkohol« von Upton Sinclair. Er führte Gespräche mit dem Gefängnisdirektor, den Aufsehern, den Ärzten und mit anderen Gefangenen. Im Februar saßen wieder mehr als 15 000 Inder in Haft.

Ein halbes Jahr verging nahezu ereignislos, bis die britische Regierung im August 1932 verlauten ließ, sie werde an ihrem Plan getrennter Wählerschaften festhalten und dabei auch den Wunsch der Unberührbaren berücksichtigen. Für Gandhi stand die Einheit Indiens auf dem Spiel. Aufgebracht schrieb er einen Brief an die Briten, in denen er ihnen seine Zustimmung verweigerte. Sollten sie dennoch an ihren Plänen festhalten, würde er sich zu Tode hungern.

Am Morgen des 20. September trank er Zitronensaft und Honig mit heißem Wasser. Dann begann er zu fasten. Drei, vier Tage vergingen, in denen sich sein Zustand verschlechterte. Sein ohnehin magerer Körper verlor rapide an Gewicht, bis er nur noch 38 Kilogramm wog. Sein Blutdruck stieg in alarmierende Höhen. Er wurde gepflegt von seinen engsten Weggefährten, die ebenfalls verhaftet worden waren. Zu ihnen zählten Vallabhbhai Patel, der mit ihm in einer Zelle saß, und die Dichterin Sarojini Naidu, die eigens aus dem Frauengefängnis verlegt worden war. Sogar Gandhis Ehefrau wurde zu einem Besuch hergefahren.

Kasturbai schüttelte nur den Kopf, als sie ihren Mann sah. »Du mal wieder«, sagte sie, »es ist immer das Gleiche.«

Außerhalb der Gefängnismauern fasteten Millionen Inder aus Solidarität mit ihm. Allerorts zeigten sie sich öffentlich mit Unberührbaren. Derweil suchten die wichtigsten Hindu-Führer des Landes fieberhaft nach einer Lösung, mit der auch Bhimrao Ramji Ambedkar einverstanden war. Der Vertreter der Unberührbaren fühlte sich jedoch von Gandhis »Fasten bis zum Tode« erpresst. Erst als dessen Zustand besorgniserregend war, stimmte Ambedkar einem Kompromiss zu.

Diesem sogenannten Yeravda-Pakt zufolge sollten die Unberührbaren zwar keine separate Wählerschaft bekommen, dafür aber Anspruch auf einen Teil der für Hindus reservierten Parlamentssitze – und zwar doppelt so viele wie ursprünglich vorgesehen.

Nach sechs Tagen beendete Gandhi sein Fasten. Wenige Wochen später erhielt er einen Brief von Albert Einstein. Der deutsche Physiker, der sich neben seiner Arbeit auch für Völkerverständigung und Frieden starkmachte, schrieb: »Verehrter Herr Gandhi, Sie haben durch Ihr Wirken gezeigt, dass man ohne Gewalt Großes selbst bei solchen durchsetzen kann, welche selbst auf die Methode der Gewalt keineswegs verzichtet haben. Wir dürfen hoffen, dass Ihr Beispiel über die Grenzen Ihres Landes hinaus wirken und dazu beitragen wird, dass an die Stelle kriegerischer Konflikte Entscheidungen einer internationalen Instanz treten, deren Durchführung von allen garantiert wird.«[41]

Was auf die Weltöffentlichkeit wie ein Erfolg wirkte, erwies sich für Gandhi als ein herber Rückschlag.

✳

In den indischen Provinzen Punjab und Bengalen, in denen Muslime in der Mehrheit waren, begannen Hindus gegen den Yeravda-Pakt zu protestieren. Als Minderheit fühlten sie sich schon immer unterdrückt, jetzt sollten sie einen Großteil ihrer Parlamentssitze auch noch an die Unberührbaren abgeben. Und für strenggläubige Hindus kam eine Gleichstellung der Unberührbaren erst recht nicht infrage. Gandhi sah sich in der Pflicht.

Noch im Gefängnis gründete er die Zeitung *Harijans* – Kinder Gottes. Das war Gandhis liebevolle Bezeichnung für die

Unberührbaren. Er rief die *Harijan Sevak Sangh* ins Leben, eine Gesellschaft zur Unterstützung der Unberührbaren. An den Protesten der Hindus änderte das nichts.

Als Gandhi im Mai 1933 abermals ein dreiwöchiges Fasten ankündigte, entließ ihn Lord Willingdon überraschend aus der Haft. Der britische Vizekönig ahnte wohl, dass der geschwächte Körper Gandhis 21 Tage Hungern nicht mehr überleben würde. Sosehr Willingdon ihn verabscheute, so wenig wollte er, dass ein toter Gandhi im Gefängnis zum Märtyrer wurde. Außerdem ging von Gandhi in Freiheit sowieso kaum noch Gefahr aus.

Zwar unternahm er nach seiner Freilassung eine weitere Reise durch Indien, um die Hindus von seinem Kampf für die Gleichstellung der Unberührbaren zu überzeugen. Doch nach der erbarmungslosen Härte, mit der Lord Willingdon sein Amt angetreten hatte, fehlte der Bevölkerung jede Bereitschaft zu einem neuen gewaltlosen Widerstand.

Selbst der Indische Nationalkongress besaß kaum noch Einfluss auf die Menschen. Die Kongressabgeordneten wiederum hatten sich in der Frage zerstritten, welchen politischen Weg sie in Zukunft einschlagen sollten. Nahezu einig waren sie sich lediglich in einer Sache: Gandhis Methoden hatten nichts gebracht. Dementsprechend gering war ihr Zuspruch auf seine Rede vor der Jahresversammlung.

Schlimmer noch: Nur knapp entging er dem Bombenattentat eines Hindus, der gegen die Gleichberechtigung der Unberührbaren war.

Enttäuscht erklärte Gandhi Ende 1934 seinen Austritt aus dem Kongress. Seinen Ashram in Ahmedabad überließ er einer Gruppe Unberührbarer, dann zog er sich mit seinen engsten Weggefährten nach Sevagram zurück. In dem kleine abgelegenen Dorf im Herzen Indiens lebten fast nur Unberührbare, die immer wieder mit Malaria, Ruhr und anderen Krankheiten zu kämpfen hatten. Es gab keine festen Straßen, keinen Post- und Telegrafendienst und keinen Arzt. Hier gründete Gandhi 1936 einen neuen Ashram.

Kapitel 10

Der Traum vom Dorf

Der Sevagram-Ashram in Indien, 1936–1947

Gandhis neuer Ashram lag nicht zufällig abgeschieden. Immer wieder hatte er betont: Nicht in den Städten, sondern nur in den Dörfern, bei den Bauern und ihrem schlichten Leben sei die Grundlage für die indische Unabhängigkeit zu finden. »Wenn es mir gelingt, die Dörfer von ihrer Armut zu befreien, dann habe ich Swaraj gewonnen«, schrieb er in seiner Zeitung *Harijan.*[42]

Statt auf geschwätzige Politik, fruchtlose Verhandlungen und Satyagraha-Kampagnen wollte er sich auf die Unterstützung der Bedürftigen, Bauern und Unberührbaren konzentrieren. Er widmete sich den Stiftungen, die er zu diesem Zweck gegründet hatte und mit denen er eine Reform des Dorflebens anstrebte.

Gandhis Traum eines idealen indischen Dorfes folgte den Grundregeln seines Ashrams und reichte darüber hinaus. Die Ziele waren: Selbstversorgung durch gesunde Nahrung von den Feldern; Khadi-Kleidung durch die Arbeit am Spinnrad; Trinkwassergewinnung durch Wasserwerke; Hygiene durch Sanitäranlagen und Müllentsorgung; Schulunterricht, der die Kinder auf das Landleben vorbereitete, anstatt sie mit westlicher Bildung in die Städte zu locken.

Obwohl weit über 60, kannte Gandhi bei der Umsetzung seiner Träume keinerlei Erbarmen mit sich selbst. Trotz gesundheitlicher Probleme und wiederholter körperlicher Zusammenbrüche setzte er sein asketisches Leben fort. Auch wenn er dabei nicht mehr in der Öffentlichkeit stand, war ihm nach wie vor die Sympathie eines Großteils der indischen Bevölkerung sicher. Er war die Verkörperung ihres eigenen Lebens, ein Armer unter Armen, und dass er sich selbstlos für sie einsetzte, machte ihn erst recht zu einer großen Seele.

100 Briefe am Tag erreichten ihn aus allen Ländern der Erde. Jeder einzelne Brief wurde von ihm beantwortet. Die meisten Antworten schrieben seine Weggefährten nach seinen Vorgaben, andere diktierte er. Ein Dutzend Briefe beantwortete er höchstpersönlich. Auf diese Weise stand er regelmäßig in Kontakt mit der ganzen Welt, unter anderem mit der englischen Friedensaktivistin Agatha Harrison, dem amerikanischen Sozialphilosophen Richard B. Gregg, dem chinesischen Politiker, General und Machthaber Chiang Kai-shek und dem britischen Schriftsteller Carl Heath. Auch der deutsche Theologe Dietrich Bonhoeffer zeigte sich tief beeindruckt von Gandhis Weg der Gewaltlosigkeit. Er wurde von ihm sogar in den Ashram nach Indien eingeladen; seine Reise scheiterte 1934 an der politischen Situation in Deutschland.

Gandhi traf sich mit Besuchern aus der ganzen Welt in seinem Ashram. Schriftsteller, Künstlerinnen, Diplomaten, Frauenrechtlerinnen und Politiker machten sich mit Fragen, Wünschen und Erwartungen auf den Weg zu ihm.

Viele wollten ihm auch einfach nur die Hand schütteln. Etliche waren erschrocken über die Armut und strenge Disziplin, mit der er im Ashram lebte. Wenn sie nach ein paar Stunden den Ashram wieder verlassen konnten, waren sie erleichtert. Manche verbrachten einige Monate als Schüler in seiner Nähe und gründeten nach ihrer Heimkehr ähnliche Gemeinschaften, in denen die Menschen nach den Prinzipien Gandhis zusammenleben sollten. Andere dagegen zweifelten an der Richtigkeit dieser Regeln.

Er verstehe nicht, warum im Dorf unbedingt Wahrheit und Gewaltlosigkeit vorherrschen sollen, sagte Gandhis langjähriger Weggefährte Jawaharlal Nehru. »Das Dorf ist gewöhnlich intellektuell und kulturell rückständig, und von einer rückständigen Umgebung kann kein Fortschritt ausgehen. Engstirnige Menschen neigen wesentlich leichter zu Unwahrheit und Gewalt.«[43]

Nehru und die Mehrzahl der Abgeordneten im Indischen Nationalkongress sahen die Zukunft ihres Landes in einer Industrialisierung nach dem Vorbild des Westens. Vom Aufschwung, der dadurch die Wirtschaft des Landes erfasste, würden auch die Dörfler und Landwirte profitieren. Wenn es der Bevölkerung endlich besser ging, wäre die Unabhängigkeit Indiens in greifbarer Nähe.

Gandhis Weg der Gewaltlosigkeit empfanden die Kongressabgeordneten inzwischen als weltfremd. In gewisser Weise wurden sie in ihrer Meinung bestätigt, als der deutsche Diktator Adolf Hitler den Rest der Welt immer stärker in Kriegsangst versetzte.

※

Täglich erreichten Gandhi mehr besorgte Briefe. Menschen aus der ganzen Welt wollten erfahren, was er als Prediger der Gewaltlosigkeit angesichts der Kriegsgefahr empfahl, die von den Nationalsozialisten in Deutschland ausging. Unter der Überschrift »Wenn ich ein Tscheche wäre« veröffentlichte er im *Harijan* einen Artikel, mit dem er seinen Lesern den Satyagraha-Erfolg in Südafrika in Erinnerung rief. Den Tschechen, die jeden Augenblick mit dem Einmarsch der deutschen Wehrmacht rechnen mussten, riet er zur Gewaltlosigkeit, auch wenn sie damit im schlimmsten Fall nicht nur ihr Hab und Gut, sondern auch ihr Leben verlieren würden.

Nicht jeder teilte seine Meinung. Der Rassismus in Südafrika, so seine Kritiker, sei nicht mit einem diktatorischen Regime wie dem in Deutschland zu vergleichen. Hitler hätte keine Moral und kein Gewissen. Wenn man ihm gewaltlos gegenüberträte, würde man ihm das Töten nur leichter machen.

»Das mag sein«, erwiderte Gandhi, »aber das wird man erst wissen, wenn man es ausprobiert hat. Bisher ist nämlich niemand Hitler mit Gewaltlosigkeit gegenübergetreten.«

»Weil man dabei sterben würde.«

»Auch das mag sein, und es ist mutig, im Kampf gegen den Feind zu sterben. Ich halte es jedoch für noch mutiger, sich diesem Kampf zu verweigern.«

Ähnlich flammend fiel sein Appell an die Juden aus. Abermals im *Harijan* erklärte Gandhi ihnen, dass nur mit einem gewaltlosen Kampf gegen Hitler aus ihrer Verzweiflung und Angst schon bald neuer Mut und Hoffnung hervorgehen würde.

Auch dafür erntete er Widerspruch. Der jüdische Philosoph Martin Buber, der ein glühender Verehrer von Gandhi und seinem Prinzip der Gewaltlosigkeit war, zweifelte an Gandhis Sachverstand. In einem Antwortbrief schrieb er enttäuscht: »Mahatma, wissen Sie, was ein Konzentrationslager ist und wie es darin zugeht, oder wissen Sie es nicht? Kennen Sie die Foltermethoden in den KZs, die Methoden des langsamen und schnellen Mordens? Und glauben Sie vielleicht, ein Jude in Deutschland könnte auch nur einen einzigen Satz einer Rede halten wie Sie, ohne sofort zusammengeschlagen zu werden?«[44] Was also sollte es bringen, wollte Buber wissen, wenn sich Hunderttausende Juden gewaltlos dem deutschen Diktator ergaben, der über keinerlei Moralempfinden verfüge? Doch Gandhi hatte schon immer an den guten Kern in jedem Menschen geglaubt.

Vertrauen auf die menschliche Natur ist ein Hauptbestandteil der Satyagraha. Von diesem Glauben wollte er auch jetzt nicht abrücken. Aus diesem Grund verfasste er am 23. Juli 1939 ein Schreiben an Hitler.

Sehr geehrter Freund,
Freunde haben mich gedrängt, Ihnen um der Menschheit willen zu schreiben. Ich unterließ dies aber, weil ich das Gefühl hatte, ein Brief von mir würde ungehörig sein. Etwas sagt mir nun, dass ich mich deswegen nicht länger zurückhalten darf, sondern meine dringende Bitte auf jeden Fall aussprechen muss.
Sie sind unbestreitbar der einzige Mensch der Welt, der einen Krieg verhindern kann, durch den die Menschheit in den Zustand der Barbarei versetzt würde. Ist Ihnen der Anlass, wie hoch Sie ihn auch schätzen mögen, diesen Preis wirklich wert? Werden Sie auf die dringende Bitte eines Menschen hören, der freiwillig und nicht ohne beträchtlichen Erfolg das Mittel des Krieges vermieden hat? Sie werden es mir hoffentlich nachsehen, wenn es nicht richtig war, Ihnen zu schreiben.
Ich verleibe
Ihr aufrichtiger Freund M. K. Gandhi[45]

Die indische Regierung sorgte dafür, dass dieser Brief das Land nicht verließ. Einen weiteren Brief, den Gandhi an Hitler formulierte, schickte er erst gar nicht ab. Als die beiden Briefe schließlich an die Öffentlichkeit gelangten, sorgten sie für

Empörung, weil sich Gandhi für die Anrede »Lieber Freund« entschieden hatte. Nicht wenige seiner Kritiker glauben noch heute, der »Nazi-Freund« Gandhi habe damals endgültig den Verstand verloren.

Aus heutiger Sicht mag sein Versuch, Einfluss auf einen Kriegstreiber wie Hitler nehmen zu können, tatsächlich naiv gewesen sein. Damals allerdings bewies der Brief vor allem Gandhis unbedingten Willen zur politischen Mitsprache. Unabhängig davon, ob er mit seinem Engagement etwas erreichen konnte oder nicht, immer wieder meldete er sich zu weltweiten Krisen zu Wort, ob in Briefen an die Tschechen, die Juden oder eben an Hitler. Ob der deutsche Diktator die Schreiben beantwortet hätte, wären sie abgeschickt worden, steht auf einem anderen Blatt. Wahrscheinlich nicht.

Hitler gab seiner Wehrmacht am 1. September 1939 den Befehl zum Einmarsch in Polen. Der Zweite Weltkrieg brach aus.

✳

Am 3. September erklärten die Briten Nazi-Deutschland den Krieg. Lord Linlithgow, der inzwischen das Amt des britischen Vizekönigs übernommen hatte, schloss sich im Namen Indiens an. »In gemeinsamer Anstrengung gelte es, das Selbstbestimmungsrecht der Völker, Freiheit und Demokratie zu verteidigen.«[46]

Die Inder glaubten sich verhört zu haben. Von welcher Demokratie war da die Rede? Etwa jener Freiheit, die man ihnen verwehrte? Gandhi war anderer Ansicht. In seiner unerschütterlichen Loyalität kündigte er vor Reportern an: »Ich werde der britischen Regierung nicht in den Rücken fallen.«

»Mr. Gandhi, wir dachten, Sie verurteilen den Krieg?«

»Das ist richtig, aber selbst wer gegen den Krieg ist, sollte den Unterschied zwischen Angreifer und Angegriffenem erkennen können.«

»Also werden Sie die britische Regierung im Krieg unterstützen?«

»Nicht im Kampf. Nur moralisch.«

Gleiches schlug Gandhi dem Indischen Nationalkongress vor, an dessen Versammlung er wenige Tage später als Gast teilnahm. Die Mehrzahl der Abgeordneten folgte seinem Ratschlag nicht. Zwar verurteilten sie einstimmig den Faschismus in Europa, aber fast ebenso einmütig verweigerten sie eine Kriegsunterstützung. Man werde nur dann den Briten beistehen, wenn diese endlich die Unabhängigkeit Indiens in Aussicht stellten.

Für Lord Linlithgow war jetzt nicht der richtige Zeitpunkt für Verhandlungen dieser Art. Stattdessen empfahl er den Kongressabgeordneten, sich bis nach dem Krieg zu gedulden. Danach würde er ihnen den Dominion-Status in Aussicht stellen. Die Abgeordneten waren der britischen Versprechen jedoch überdrüssig. Um ihrer Forderung nach Unabhängigkeit Nachdruck zu verleihen, traten alle indischen Politiker in den Provinzregierungen zurück.

Für Gandhis Kontrahent Muhammad Ali Jinnah war dies ein »Tag der Erlösung« – und der Augenblick für einen Neuanfang. Der Führer der Muslimliga forderte erstmals öffentlich einen von den Hindus unabhängigen Muslim-Staat. Beide Religionen seien einfach zu verschieden, so Jinnah, um dauerhaft in einem gemeinsamen Staat zu leben, erst recht, wenn eine der beiden Religionen in der Minderheit sei.

Gandhi wusste nicht, was ihn mehr enttäuschte. War es die ablehnende Haltung, mit der der Indische Nationalkongress seinem Vorschlag begegnet war? Oder war es Jinnahs Forderung, die allen Bemühungen zuwiderlief, die Gandhi zur Einigung und Freiheit Indiens unternommen hatte? Und als wäre das alles nicht genug, bekräftigte Lord Linlithgow sein Angebot über den Dominion-Status – und erklärte, dass nicht nur die Hindus, sondern auch die Muslime darüber entscheiden sollten.

Es war das erste Mal, dass die Briten der Muslimliga ein eindeutiges Mitspracherecht bezüglich der Zukunft Indiens einräumten. Nicht nur für Gandhi, sondern auch für die Abgeordneten des Indischen Nationalkongresses klang das wie ein weiterer Versuch der britischen Regierung, die Bevölkerung Indiens zu spalten.

Gandhi suchte das Gespräch mit Lord Linlithgow, doch dieser weigerte sich. Aus Protest kündigte Gandhi wieder ein Fasten an. Weil seine gesundheitliche Verfassung es nicht zuließ, entschloss er sich zu einer Satyagraha-Kampagne. Die Abgeordneten des Indischen Nationalkongresses sicherten ihm ihre Unterstützung zu.

Gandhi wiederum hatte den Briten moralische Unterstützung für den Krieg zugesagt. Ein Bruch dieses Versprechens kam für ihn nicht infrage. Deshalb organisierte er nur kleine Satyagraha-Aktionen, die die britischen Kriegsanstrengungen nicht beeinträchtigten. Frauen und Männer demonstrierten öffentlich gegen den Krieg. Da Anti-Kriegs-Propaganda verboten war, wurden sie verhaftet und zu einer Gefängnisstrafe verurteilt. Ende 1941 saßen wieder mehr als 23 000 Inder im Gefängnis. Da erreichte der Krieg Indien.

Am 7. Dezember griff Japan die US-Streitkräfte in Pearl Harbor an. Einen Tag später marschierte die japanische Armee in der chinesischen Stadt Schanghai ein. Sie eroberten das thailändi-

sche Siam, Britisch-Malaya, Java und Sumatra. Plötzlich fand der Krieg in unmittelbarer Nähe zu Indien statt. Angesichts eines möglichen Angriffs begann der Indische Nationalkongress seine ablehnende Haltung zu überdenken. Doch noch fand sich keine Mehrheit für einen Abbruch von Gandhis Satyagraha-Kampagne und eine Unterstützung der Briten. In diesem Augenblick schlugen sich die USA auf die Seite Indiens. Die Vereinigten Staaten von Amerika waren selbst einmal eine britische Kolonie gewesen und hatten Verständnis für den Wunsch der Inder nach Unabhängigkeit. Inzwischen war Amerika zu einer Weltmacht aufgestiegen. Auf Drängen des amerikanischen Präsidenten entsandte der britische Premierminister Winston Churchill einen Unterhändler nach Indien.

Er sorgte dafür, dass alle indischen Gefangenen entlassen wurden. Dann bot er Indien einen Dominion-Status an. Die Offerte hatte allerdings einen Haken: Jeder indischen Provinz sollte es freigestellt werden, ob sie der zukünftigen Indischen Union beitrat oder nicht – was zur Spaltung Indiens in einen Hindu-Staat, einen Muslim-Staat oder einen Sikh-Staat geführt hätte.

Das kam für Gandhi nicht infrage. Auch der Indische Nationalkongress, die Muslimliga und andere Verhandlungspartner lehnten das Angebot des britischen Unterhändlers ab. Als Gegenleistung für den Dominion-Status sollte die indische Bevölkerung nämlich umgehend für den Krieg rekrutiert werden. Ergebnislos trat der Unterhändler die Rückreise an.

Die Kongressabgeordneten waren verzweifelt. »Wir haben nichts erreicht.«

»Im Gegenteil«, widersprach Gandhi.

»Aber der Besuch des Unterhändlers war ohne Ergebnis.«

»Es geht nicht um das Ergebnis allein, sondern auch um das

Angebot. Es beweist, dass die Briten endlich bereit sind, uns Unabhängigkeit zuzugestehen. Jetzt müssen wir nur noch die Bedingungen dafür aushandeln.« Gandhis Gesicht verdüsterte sich. »Und zwar schnell.«

»Sie glauben ...«

»Nein«, unterbrach er, »ich bin sogar überzeugt, die Freiheit Indiens, die von der Einheit Indiens abhängt, ist in Gefahr, wenn die Forderungen aller Bevölkerungsgruppen noch mehr zunehmen.«

»Also müssen wir ...«

»... die Briten größtmöglich unter Druck setzen.« Gandhi dachte nach. »Ich schlage vor, wir verlangen den sofortigen Abzug der britischen Armee ...«

»Das meinen Sie nicht im Ernst?«

»... den wir mit einer landesweiten Satyagraha-Kampagne einfordern sollten«, beendete Gandhi seinen Satz.

Die Abgeordneten schnaubten entrüstet. »Die Japaner stehen unmittelbar vor unserer Landesgrenze. Wir brauchen eine Armee.«

Auch darüber hatte sich Gandhi bereits Gedanken gemacht. »Wir haben Gewaltlosigkeit.«

»Gewaltlosigkeit?«

»Wir werden jegliche Zusammenarbeit mit den Japanern verweigern. Sie sollen merken, wie unerwünscht sie bei uns sind.«

»Glauben Sie, das wird sie von Gewalt abhalten? Sie werden töten und ...«

»Natürlich werden sie das«, gab Gandhi zu. »Machen wir uns nichts vor: Als Freunde kommen die Japaner ganz sicher nicht zu uns. Wer also Angst vor ihnen hat, sollte sich lieber in Sicherheit bringen.«

»Und was bringt das? Am Ende tauschen wir unsere Abhängigkeit von den Briten gegen die Abhängigkeit von den Japanern ein. Was hätten wir gewonnen?«

Nachdenklich hüllte sich Gandhi in Schweigen. Ein verlegenes Hüsteln riss ihn aus seinen Gedanken. Ein amerikanischer Journalist, der ihn seit einigen Wochen begleitete, trat näher. »Sie können sich noch so viel den Kopf zerbrechen«, sagte der Reporter, »aber ich verrate Ihnen eines: Seit Jahrzehnten weigern sich die Briten, Ihrem Land die Freiheit zu gewähren. Wieso sollten sie es jetzt schutzlos den Japanern ausliefern? Das werden sie niemals tun.«

Gandhi nickte. Der Mann hatte recht.

Erwartungsvolle Stille senkte sich über die Kongressabgeordneten.

Gandhi sagte: »Quit-India.«

»Was soll das heißen?«

»Quit-India, das ist eine Resolution, über die wir abstimmen werden. Mit ihr fordern wir die sofortige Unabhängigkeit Indiens. Gleichzeitig erklären wir uns damit bereit, britische Truppen auf indischem Boden zu dulden.«

Aufgeregtes Gemurmel erhob sich unter den Abgeordneten.

»Und jeder Inder«, fügte Gandhi hinzu, »soll selbst entscheiden, ob er sich lieber in Sicherheit bringt oder mit den Briten in den Krieg gegen Japan zieht.«

Die Resolution wurde mit großer Mehrheit angenommen. Gleichzeitig wollte Gandhi der Quit-India-Forderung mit einer neuen landesweiten Satyagraha-Kampagne Nachdruck verleihen. Noch bevor er damit beginnen konnte, wurden er und die anderen Kongressführer im August 1942 verhaftet. Die Unruhen in der Bevölkerung schlug der britische Vizekönig mit Polizeigewalt nieder. Aus Protest kündigte Gandhi ein dreiwöchiges Fasten an.

Die britische Regierung wollte sich nicht erpressen lassen. Winston Churchill verkündete bei einer Sitzung des britischen Kriegskabinetts, seinetwegen könne Gandhi in der Haft verhungern. Doch er blieb am Leben.

Stattdessen starben während seiner Inhaftierung einige seiner langjährigen Wegbegleiter – und seine Ehefrau. Kasturbai hatte es nie leicht an der Seite ihres Mannes gehabt und sie konnte ihn in den letzten Jahren nur noch selten sehen. Aber zeit ihres Lebens stand sie hinter ihm. Sie war auch einer der wenigen Menschen in seinem engsten Umfeld gewesen, der ihn kritisieren konnte. Ihr Tod traf Gandhi besonders hart. Sein Zustand verschlechterte sich. Im Mai 1944 wurde er aus der Haft entlassen.

❊

Gandhi war gesundheitlich schwer angeschlagen. Trotzdem wollte er mit dem neuen britischen Vizekönig Lord Wavell verhandeln. Doch dem hatte der Premierminister weitere Gespräche untersagt. Winston Churchill war davon überzeugt, dass der 74-jährige Gandhi sowieso nicht mehr lange leben würde.

Auch Gandhi schien sich bewusst gewesen zu sein, dass ihm nur noch wenig Zeit blieb, um sich den Traum eines freien Indiens zu erfüllen. Er suchte den Kontakt zu Muhammad Ali Jinnah und schlug ihm eine gemeinsame Unabhängigkeitskampagne vor. Der Führer der Muslimliga war gerne bereit für einen Schulterschluss mit den Hindus. »Aber ich bestehe auf einem eigenen Muslim-Staat. Er soll den Namen Pakistan tragen.«

»Pakistan?«, wiederholte Gandhi beklommen.

Jinnah nickte entschlossen, während er erklärte: »Die Muslime Indiens waren schon immer eine eigene Kulturnation. Wir haben eine eigene Sprache, eigene Traditionen, eine eigene Kultur, eigene Kunst und eigene Architektur. Wir befolgen sogar eigene Gesetze.«

Gandhi begann zu begreifen, dass eine rasche Unabhängigkeit seines Landes wohl nur möglich war, wenn er Kompromisse einging. Schweren Herzens willigte er ein. »Sie bekommen Ihren eigenen Staat, aber lassen Sie uns darüber reden, sobald wir gemeinsam die Unabhängigkeit von den Briten erreicht haben.«

»Nein!«, erwiderte Jinnah.

»Ich verspreche Ihnen, sobald Indien unabhängig ist, lassen wir die Muslime in allen Provinzen, in denen sie die Mehrheit stellen, über eine Teilung abstimmen ...«

»Nein!«

»Und sind die Muslime in diesen Provinzen für eine Teilung, bekommen sie einen eigenen Staat. Beide Staaten, Ihr Pakistan und unser Indien, werden dann gemeinsam die auswärtigen Angelegenheiten, Verteidigung, Verkehr, Zölle und Handel verwalten und ...«

»Nein!«, unterbrach Jinnah mit kräftiger Stimme.

Gandhi schaute ihn an. Es war, als hätte der Muslim-Führer ihm gar nicht zugehört. Jinnah erwiderte seinen Blick. Vielleicht wäre er zu einem Kompromiss mit Gandhi bereit gewesen. Wäre da nicht die Schmach, die ihm Gandhi einst mit einer öffentlichen Demütigung bereitet hatte. War Gandhi damals zu einem Kompromiss bereit gewesen?

Nein, dachte Jinnah, das war er nicht. »Ich will die Trennung«, sagte er, »und zwar jetzt sofort. Und ich will eine vollständige Trennung. Keine gemeinsame Verwaltung.«

Gandhi schwieg. Mit großer Überwindung hatte er sich zu einem Kompromiss durchringen können. Jetzt sah er sich mit einer Forderung konfrontiert, die seine schlimmsten Befürchtungen übertraf. Enttäuscht trat er den Heimweg an. Er hatte Hindus und Muslime vereinen wollen. Stattdessen war die Kluft zwischen ihnen größer geworden.

Der Zweite Weltkrieg endete im September 1945 und die Welt lag in Trümmern. Von den 2,5 Millionen Indern, die sich freiwillig für den Kriegsdienst hatten rekrutieren lassen, waren fast 25 000 ums Leben gekommen. 65 000 waren verwundet worden, 12 000 blieben vermisst.

In Indien erkannte der britische Vizekönig Lord Wavell die Gefahr, die nach den gescheiterten Verhandlungen zwischen Gandhi und Jinnah drohte. Nach sechs grausamen Kriegsjahren war Großbritannien derart geschwächt, dass es kaum mehr in der Lage war, Aufstände oder Unruhen zwischen Hindus und Muslimen zu kontrollieren.

Kurz darauf erfolgte in Großbritannien ein politischer Wandel. Die konservative Partei Churchills unterlag bei den Parlamentswahlen der Labour-Partei. Die neue Regierung unter Premierminister Clement Attlee versprach den vom Krieg gebeutelten Menschen soziale und wirtschaftliche Stabilität. Außerdem begriff sie, dass eine Unabhängigkeit Indiens nicht mehr aufzuhalten sei. Attlee schickte einen neuen Unterhändler. Dessen Angebot umfasste ein vereinigtes Indien, in dem Hindus, Muslime und andere Bevölkerungsgruppen in unterschiedlichen Provinzen leben sollten. Doch weder der Indische Nationalkongress noch die Muslimliga wurden sich über die Aufteilung der Provinzen und die Verteilung der Ministerposten in einer Übergangsregierung einig. Und überhaupt bestand Muhammad Ali Jinnah auf einem eigenen Muslim-Staat. Um seiner Forderung Nachdruck zu verleihen, rief er alle Muslime zu einem »Direct Action Day« auf, einem »Tag unmittelbaren Handelns«.

Was am 16. August 1946 mit friedlichen Demonstrationen begann, endete in einem landesweiten Blutbad.

✳

In Kalkutta fühlten sich die Muslime, die mit 23 Prozent in der Minderheit waren, von den mehrheitlich hinduistischen Einwohnern unterdrückt. Ihre Forderung nach einem unabhängigen Muslim-Staat, die sie bei den Demonstrationen lautstark zum Ausdruck brachten, empfanden die Hindus wiederum als Provokation. Schon bald brachen die alten Spannungen zwischen den beiden Bevölkerungsgruppen aus.

Bis heute hält sich das Gerücht, dass es vor allem Hussain Suhrawardy war, der beliebte Führer der Muslimliga in Bengalen und spätere Premierminister Pakistans, der die muslimischen Massen in Kalkutta zusätzlich anstachelte. Nach wie vor gibt es dafür keinen endgültigen Beweis.

Tatsache aber ist, dass die Auseinandersetzungen zwischen Hindus und Muslimen noch am selben Tag des unmittelbaren Handelns eskalierten. Wütende Muslime fielen über die hinduistische Bevölkerung her. Häuser und Tempel wurden in Brand gesteckt, Frauen vergewaltigt und Männer ermordet. 5 000 Tote und 15 000 Verletzte wurden gezählt. Die Unruhen griffen auf die Provinzen Punjab und Bengalen über, in denen Muslime in der Mehrheit waren. In Noakhali stellten sie die Hindus vor die Wahl: Zwangsbekehrung oder Tod. Zehntausende Hindus ergriffen die Flucht – oder nahmen Rache. In Bihar waren die Hindus in der Überzahl: Hier wurden Tausende Muslime umgebracht.

Gandhi war schockiert. Die Gewaltexzesse in den Dörfern

trafen ihn besonders hart. Dort hatten Hindus und Muslime bisher friedlich zusammengelebt. In der Tradition der Dörfer hatte für ihn die Basis eines vereinten, unabhängigen Indiens gelegen. Er fuhr in die betroffenen Provinzen. Trotz seines hohen Alters wollte er sich auf einen Pilgermarsch von Dorf zu Dorf begeben. Vier Monate lang stand er jeden Morgen um vier Uhr auf. Er marschierte sechs bis sieben Kilometer, sprach sowohl mit Hindus als auch mit Muslimen über seine Visionen der Gewaltlosigkeit.

Er predigte Reue, verlangte Wiedergutmachung und Schadensersatz. Dann bat er um Unterkunft für die Nacht. Nicht überall wurde er mit offenen Armen empfangen. Die Menschen warfen Dornen oder Glasscherben auf den Weg, über den er barfuß marschierte. Dennoch verzichtete er auf seine Sandalen – aus Buße für die Gewalt seiner Mitmenschen.

Ich hatte gelernt, an die bessere Seite der menschlichen Natur zu appellieren und zu den Herzen der Menschen vorzudringen.[47]

Fast sein ganzes Leben war er dieser Überzeugung gefolgt. Immer wieder hatte sie ihn, mal über Umwege und nicht ohne Hindernisse, am Ende zum Erfolg geführt. Doch jetzt nahmen die Unruhen kein Ende, egal, wie sehr Gandhi sich bemühte. Er begann an sich selbst zu zweifeln. Wie vollkommen war seine Lehre der Gewaltlosigkeit? Nachts legte er sich neben nackten Frauen schlafen. Erregten sie ihn sexuell? Oder konnte er sich seiner geistigen Kraft nach wie vor sicher sein?

Einer, dessen Geist der tierischen Leidenschaft widersteht, ist fähig zu jeder Tat.[48]

Kritiker spotteten über Gandhis merkwürdigen Selbstversuch. Einige seiner Weggefährten kündigten ihm entrüstet die Gefolgschaft. Andere taten es als eine seiner »Schrullen« ab, von denen er zeit seines Lebens nicht wenige hatte. Stattdes-

Gandhi mit Jawaharlal Nehru, dem ersten Ministerpräsidenten Indiens, 1946.

sen bewunderten sie einmal mehr den Mut, mit dem er sich zwischen die verfeindeten Lager begab. »Gandhis einzigartige persönliche Qualitäten und wahre Größe waren niemals sichtbarer als in den letzten Monaten seines Lebens«, lobt der indische Historiker Sumit Sarkar, »als Gandhi seine leidenschaftliche Abscheu gegen die religiösen Auseinandersetzungen ... an den Tag legte.«[49]

Für diesen Einsatz schätzte ihn auch Lord Mountbatten. Der neue britische Vizekönig war von der Regierung damit beauftragt worden, schnellstmöglich Indien zu befrieden und in die Unabhängigkeit zu entlassen. Auch wenn Gandhi in der zerstrittenen Bevölkerung keinen uneingeschränkten Rückhalt mehr besaß, schien seine Teilnahme an den Verhandlungsgesprächen im März 1947 unumgänglich.

Er lehnte die Teilung Indiens nach wie vor ab. Doch auch

ihm war klar: Für einen Widerstand würde er keine breite Zustimmung mehr finden. Noch immer erreichten ihn in seinem Ashram Hunderte Briefe, aber die meisten waren jetzt voller Wut geschrieben. Die Muslime beschimpften ihn, weil er sich gegen ihren Staat wehrte. Die Hindus beleidigten ihn, weil er sich für die Muslime einsetzte. Auch der Indische Nationalkongress hatte sich damit abgefunden, dass eine Teilung des Landes unumgänglich war. Die Kongressabgeordneten wollten endlich Freiheit, egal zu welchem Preis. Also willigte Gandhi ein.

Im Juni 1947 verkündete der britische Premierminister Clement Attlee die Unabhängigkeit der zwei neuen Staaten: Auf der einen Seite wurde das überwiegend muslimische Pakistan mit 73 Millionen Einwohnern gegründet. Muhammad Ali Jinnah wurde der erste Generalgouverneur Pakistans, der Generalsekretär der Muslimliga, Liaquat Ali Khan, der erste Premierminister. Auf der anderen Seite entstand das größtenteils hinduistische Indien mit 350 Millionen Bürgern. Gandhis langjähriger Weggefährte Jawaharlal Nehru wurde der erste Premierminister Indiens.

Am 15. August begannen in Neu-Delhi die offiziellen Feierlichkeiten zur Unabhängigkeit und zur Staatsgründung. Gandhi blieb in seinem Ashram. Er saß am Spinnrad und fastete.

Kapitel 11

Der Albtraum von Unabhängigkeit

Die Teilung Indiens, 1947–1948

Bereits Anfang des 20. Jahrhunderts deutete sich ein Ende des Kolonialismus an. Nach dem Zweiten Weltkrieg, der die europäischen Kolonialmächte wirtschaftlich und militärisch an ihre Grenzen geführt hatte, war die Entwicklung nicht mehr aufzuhalten gewesen. Historiker sind sich daher einig: Auch ohne Gandhi wäre Indien unabhängig geworden. Doch ebenso unstrittig ist, dass es seine Visionen waren, die den Freiheitsprozess beschleunigten.

Unermüdlich unterstützte er die indischen Bauern, Unberührbaren und Armen, die die Mehrzahl der indischen Bevölkerung stellten. Er verhalf ihnen und damit dem ganzen Land zu neuem, großem Selbstbewusstsein. Mit ihrem Rückhalt konnte er den Indischen Nationalkongress zu einer einflussreichen Massenbewegung reformieren. Nachdem er auf diese Weise alle Inder unterschiedlichster Bevölkerungsgruppen und -schichten vereint hatte, konnte er landesweite Satyagraha-Aktionen ins Leben rufen.

Es waren kluge Kampagnen, mit denen ihm die Entlarvung ungerechter Gesetze, brutaler Gewalt und der Unterdrückung durch die Briten gelungen war. Die gewaltlosen Protestaktionen hatten ihm zu Sympathien und Unterstützung in aller Welt verholfen. All das zusammen führte dazu, dass die Briten am Ende gar keine andere Wahl mehr hatten, als ihren Machtanspruch aufzugeben.

Gandhis Verdienst an der Freiheit Indiens ist deshalb unbestritten. Anders als von ihm erhofft, hatte die Freiheit aber zu einer Teilung des Landes geführt: in das mehrheitlich hinduistische Indien und das mehrheitlich muslimische Pakistan. Unter den 350 Millionen Einwohnern Indiens waren nach wie vor 42 Millionen Muslime. Unter den 73 Millionen Pakistanis lebten mehrere Millionen Hindus und Sikhs. Und ihre Abneigungen gegeneinander waren immer noch nicht beigelegt. Während in Neu-Delhi die Unabhängigkeit gefeiert wurde, brachen andernorts bereits Unruhen aus. Vor allem in der Millionenmetropole Kalkutta, die schon ein Jahr zuvor zum Schauplatz schrecklicher Exzesse geworden war, kam es erneut zu blutigen Ausschreitungen.

Der inzwischen 78-jährige Gandhi sah sich noch einmal in der Pflicht. Er fuhr nach Kalkutta, traf sich mit dem muslimischen Minister der Provinz und überredete ihn zu einer gemeinsamen Aktion. Sie fuhren in die gefährlichen Viertel der Stadt und übernachteten sowohl bei Hindus als auch bei Muslimen.

Wir wollen nicht länger an die Lehre des ›Wie du mir, so ich dir‹ denken; wir wollen auch nicht Haß mit Haß vergelten, nicht Gewalt mit Gewalt, Böses mit Bösem.[50]

Das Unglaubliche gelang: Die Situation entspannte sich. Erleichtert legte sich Gandhi am Abend des 31. August in einem Haus, das Muslimen gehörte, schlafen. Um 22 Uhr traten erboste Muslime die Haustür ein, stürmten die Zimmer. Gandhi begrüßte sie freundlich. Sie schlugen mit Stöcken nach ihm und bewarfen ihn mit Steinen. Nur mit Glück entging er dem Tod.

Am nächsten Morgen schrieb er einen Brief an die Presse,

in dem er sich darüber beklagte, dass niemand mehr auf seine Worte hörte. Deshalb würde er ab sofort so lange fasten, bis die Ausschreitungen in Kalkutta aufhörten. Einen Tag später bekam er Besuch von führenden Hindus, Muslimen, Christen und Sikhs.

✳

Gandhi mochte an politischem Einfluss verloren haben. Trotzdem waren sich viele Menschen bewusst, was er für sie geleistet hatte. Dafür respektierten sie ihn. »Wir werden alles tun, damit wir Ihr Leben retten«, versprachen die Vertreter der Hindus, Muslime, Christen und Sikhs.

Gandhi winkte ab. »Es geht nicht um *mein* Leben. Es geht um euer Leben, das ihr zerstört, indem ihr euch bekämpft.«

»Aber ...«

Gandhi hob die Hand. »Ich werde so lange fasten, bis ihr euch endlich wieder vertragt.«

»Wie ...«

»Andernfalls sterbe ich!«, unterbrach er schroff.

Den Frauen und Männern wurde klar, wie ernst es ihm war.

»Wir versprechen, es wird keine weitere Gewalt mehr geben.«

»Das möchte ich schriftlich von euch haben.«

Sie baten um Beratungszeit. Nach zwei Tagen kehrten sie mit einem Friedensvertrag zurück.

Bevor sie ihn unterzeichnen konnten, erklärte Gandhi: »Eines solltet ihr wissen: Wenn ihr euch nicht an den Vertrag haltet, werde ich fasten bis zum Tod. Habt ihr verstanden?«

Seine Besucher starrten ihn an. In dieser Direktheit hatte er noch nie seinen Tod als Druckmittel eingesetzt. Doch so schwer es ihm gefallen war, er hatte einsehen müssen, dass ein einfacher Appell an die bessere Seite der menschlichen Natur nicht mehr ausreichte, um die verfeindeten Parteien zusammenzuführen. Und er wusste, nicht einmal ein Vertrag würde genügen, um sie von weiterer Gewalt abzuhalten.

Seine Besucher unterschrieben den Vertrag. Gandhi beendete sein Fasten mit einem Glas Zitronensaft. In Kalkutta kehrte Ruhe ein. Gandhi hatte sein Ziel erreicht. In Panjab gingen die Auseinandersetzungen unterdessen weiter. Die ehemalige Provinz gehörte jetzt zu einem Teil zu Indien, zu einem Teil zu Pakistan. Die Trennung hatte zu Vertreibung und Flucht geführt. Gandhi wollte auch dort für Frieden sorgen.

Auf dem Weg nach Panjab wurde er in Neu-Delhi aufgehalten. Hundertausende Hindus lebten dort in Flüchtlingslagern. Und es wurden immer mehr. Sie waren verzweifelt, hatten Angehörige verloren, schworen Rache. Gandhi beruhigte die Menge mit täglichen Gebetstreffen. In unermüdlichen Gesprächen beschwor er eine Aussöhnung zwischen Hindus und Muslimen, versprach den Hindus gleiche Rechte für alle, den Muslimen Emanzipation. Er setzte sich für eine gerechte Verteilung der ehemaligen indischen Staatskasse ein, von der sowohl das neue Indien als auch Pakistan profitieren sollten. Aber Patel weigerte sich. Er wollte nicht die Kriegskasse von Indiens Gegner auffüllen. Erneut trat Gandhi in einen Hungerstreik, Patel gab nach und Pakistan erhielt seinen Anteil: 550 Millionen Rupien.

»Tod für Gandhi«, schimpften einige der Hindus. Die Nationalisten warfen ihm Hochverrat vor. Unter ihnen war auch der 38-jährige Nathuram Godse, ein Anhänger der radikalen Hindu-Nationalisten.

Der Bürgerkrieg nahm kein Ende. Sieben Millionen Muslime wurden aus Indien vertrieben, zehn Millionen Hindus und Sikhs mussten aus Pakistan fliehen. Unterdessen drohte in Kaschmir, einer Provinz an der Grenze beider Länder, eine militärische Auseinandersetzung. Anfangs forderte der Maharaja eine Unabhängigkeit Kaschmirs. Als jedoch von Pakistan unterstützte Paschtunen in Kaschmir einfielen, schloss sich der Maharaja Indien an. Diese Entscheidung wiederum akzeptierte Pakistan nicht, bestand doch die Mehrzahl der Einwohner Kaschmirs aus Muslimen. Auf beiden Seiten der Grenze wurde die Armee aufgefahren.

»Niemand hört mehr auf mich«, klagte Gandhi mit letzter Kraft, »weder der Kongress noch die Hindus oder Muslime hören auf mich. Ich bin eine einsame Stimme in der Wildnis.«[51]

Am 20. Januar 1948, zwei Tage nach Beendigung des Fastens, explodierte eine Bombe während eines Gebetstreffens. Gandhi überlebte unverletzt. Seine Weggefährten drängten ihn, die Menschen bei seinen Gebetstreffen strikter zu kontrollieren. Er sprach sich dagegen aus. Gott werde ihn beschützen.

Zehn Tage später machte er sich bleich und ausgezehrt, gestützt von seinen beiden Großnichten Manu und Abha, auf den Weg quer durch den Park zum gewohnten Gebetstreffen.

Es war später Nachmittag am 30. Januar 1948. 500 Menschen warteten auf ihn, darunter auch Nathuram Godse. Als der nationalistische Fanatiker den alten, gebrechlichen Mann erblickte, zog er eine Pistole und gab drei Schüsse auf ihn ab.

»Hey Ram«, flüsterte Mahatma Gandhi. »Oh Gott.«

Das Licht ist gegangen

Indien nach Gandhis Tod, 1948–heute

»Freunde und Kameraden«, sagt Jawaharlal Nehru und bricht ab. Noch immer kann der indische Premierminister nicht fassen, auf welche Weise das Leben von Mohandas Karamchand Gandhi ein Ende fand. Vor wenigen Minuten erst hat Nehru den Park verlassen, in dem das Attentat geschah. Jetzt soll er eine Radioansprache halten. Dabei hat sich die Nachricht längst landesweit herumgesprochen. Doch Nehru weiß, das indische Volk erwartet eine Rede von ihm. Es erwartet die Wahrheit, Stärke und Führung. Er weiß, es ist im Sinne Gandhis.

Er atmet durch. Trotzdem zittert seine Stimme, als er noch einmal von vorne beginnt: »Freunde und Kameraden, das Licht ist aus unserem Leben gegangen, und es herrscht rundherum Dunkelheit. Ich habe gesagt, das Licht ist verloschen, und doch stimmt das nicht. Denn das Licht, das in diesem Land schien, war kein gewöhnliches. Es repräsentierte die lebendige Wahrheit, die ewigen Wahrheiten, er erinnerte uns an den rechten Weg, hielt uns von Irrungen fern und führte dieses alte Land in die Freiheit.«[52]

Am nächsten Tag geleiten 2,5 Millionen Menschen Gandhis Leichnam zur traditionellen hinduistischen Verbrennungszeremonie am Yamuna-Fluss. Die Trauer, die die indische Bevölkerung verspürt, richtet sich gegen die radikalen Hindu-Nationalisten. Entschlossener denn je streben die Inder eine Vielfalt der Religionen in ihrer jungen Nation an. Ganz im Sinne von Mahatma Gandhi. Dessen Streben nach Gewaltlosigkeit haben sie jedoch bald vergessen.

Die Spannungen zwischen Indien und Pakistan spitzen sich im Grenzkonflikt um die Kaschmir-Region zu. Sie führen Ende der 1940er-Jahre zum ersten Krieg zwischen Indien und Pakistan. Unabhängigkeitsbewegungen in Pakistan, die Indien unterstützen, münden in den 60er-Jahren in einen zweiten Krieg. In Indien wiederum fordern die Sikhs einen eigenen Staat. Außerdem schaffen Politikskandale und ein zunehmend diktatorisches Regime Unzufriedenheit mit der Kongresspartei.

Immer wieder bemühen sich Gandhis Nachfahren darum, seine Vision der Gewaltlosigkeit ins Bewusstsein der Menschen zu rufen. Sein Sohn Devdas war ein in Indien bekannter Journalist und Herausgeber der *Hindustan Times*. Dessen Sohn Rajmohan Gandhi (geboren 1935) engagierte sich in der UN-Menschenrechtskommission, schrieb über Menschenrechte und die indische Unabhängigkeit und verfasste eine Biografie über seinen Großvater. Ramchandra Gandhi (geboren 1937, gestorben 2007), ebenfalls ein Sohn Devdas, schrieb als Philosoph theologische Abhandlungen über seinen Großvater und war Mitglied im internationalen humanitären Zentrum Indiens. Arun Gandhi (geboren 1935), der Sohn von Manilal, leitet das Mohandas-Karamchand-Gandhi-Institut für Gewaltlosigkeit.

Doch all ihren Bemühungen zum Trotz: Fast 70 Jahre nach der Unabhängigkeitserklärung des britischen Premierministers Clement Attlee und nach Gandhis Tod ist das Land tiefer gespalten denn je – und somit auch Indiens Umgang mit seinem Erbe.

Indiens fortschreitende Industrialisierung und Globalisierung haben der Bevölkerung vor allem in den Großstädten unübersehbar zu Wohlstand und Ansehen verholfen. Dort lebt die Mehrzahl der Menschen inzwischen westlich geprägt und technikaffin, die Religion und das Kastenwesen spielen in ihrem Alltag nur noch eine kleine Rolle. Unberührbare werden in der Schule und in der Besetzung von Stellen in der öffentlichen Verwaltung gefördert. 1997 gab es mit Kocheril Raman Narayanan den ersten kastenlosen Staatspräsidenten Indiens. In diesem »neuen Indien wirkt er [Gandhi] wie ein Relikt aus einem fernen Zeitalter«, befindet Sunil Khilnani, indischstämmiger Professor am King's College in London. Für die urbanen, weltoffenen Inder sei Gandhi längst nichts weiter als »ein Baumwollspinner, ein sentimentaler Verfechter alter Dorflebensweisen«.[53]

Der allenfalls noch als prominenter Namensgeber für Volksspektakel taugt – zum Beispiel für einen Gandhi-Gedächtnislauf, der jedes Jahr zu seinem Geburtstag am 2. Oktober stattfindet. Mit seinen Lehren von Satyagraha – Wahrheit, Enthaltsamkeit, Toleranz und Gewaltlosigkeit – haben Veranstaltungen wie diese nichts mehr zu tun.

Kritik daran wird nicht selten pariert mit den Worten, es sei nicht alles Gold, was glänzt. Was im Klartext bedeutet: Menschlich sei auch »der spirituelle Meister ein unangenehmer Zeitgenosse«[54] gewesen, lüstern, eifersüchtig, rechthaberisch und streng. Manche beurteilen sein Verhalten ausschließlich als traditionell, rückständig und konservativ.

Das mag aus heutiger Sicht richtig sein. Gleichzeitig sah sich Gandhi selbst nie als Meister, Übermensch oder gar Heiligen. Im Gegenteil, mehr als einmal hat er Fehler erkannt und sich ehrlich eingestanden – eine Einstellung, die so manchem unserer heutigen Politiker gut stände.

Eine andere Wahrheit ist: Trotz eines wirtschaftlichen Aufschwungs überwiegen bei den Indern nach wie vor die Probleme von Armut, Überbevölkerung und Umweltverschmutzung. Ein Großteil der Bevölkerung – mit 1,2 Milliarden Menschen inzwischen das zweitbevölkerungsreichste Land der Welt – lebt nicht in den Städten, sondern wie schon zu Gandhis Zeiten in ländlichen Provinzen oder kleinen Dörfern.

Jawaharlal Nehrus einstige Prophezeiung, dass von einer Industrialisierung auch die Landwirte und Dörfler profitieren würden, hat sich nicht erfüllt. Zu ihnen ist der Fortschritt noch immer nicht vorgedrungen. Sie leben nach wie vor traditionell, rückständig – und konservativ.

Winzige Hütten ohne Strom stellen die Behausung für vielköpfige Familien dar. Sie müssen das Wasser aus einem Brunnen holen, der Kilometer weit entfernt liegt. Die hygienischen Zustände, die Gandhi immer wieder kritisierte, haben sich kaum verändert: Nur selten gibt es eine Toilette in den Hütten, nicht einmal ein Klo im Dorf. Ein offenes Feld dient den Leuten als Latrine, die eine Hälfte ist für die Männer reserviert, die andere für die Frauen. Frauen suchen deshalb oft im Dunkeln das Feld auf, um beim Toilettengang nicht gesehen zu werden. In dieser Situation werden sie häufig Opfer von Vergewaltigungen, die insgesamt in Indien sehr oft vorkommen. Trotz verabschiedeter Gesetze zum Schutz der Frauen vor Unterdrückung und Ungleichbehandlung – die Realität ist eine andere. Das gewaltfreie Leben Gandhis ist in der Gesellschaft nicht umgesetzt worden.

Besonders für die Landbewohner bestimmt auch das Kastenwesen nach wie vor über ihr Leben: Noch heute hat die Kaste Einfluss auf die Partner- und die Berufswahl. Noch immer sind gemeinsame Mahlzeiten zwischen den Angehörigen unterschiedlicher Kasten verpönt. Unberührbare sind nach wie vor Außenseiter.

Sucht man das Gespräch mit den Dorfbewohnern, spiegelt sich in ihren Worten die Enttäuschung wider. »Sie glauben nicht, dass sich etwas an ihrer Armut ändern wird«, erklärt Siddhartha Sinha, ein indischstämmiger Wissenschaftler, der mittlerweile in Berlin arbeitet, aber Verwandte in Indien hat. »Zu sehr grassieren Korruption und Ungerechtigkeit in unserem Land.«

Es verwundert deshalb kaum, dass bei den Indern außerhalb der Ballungszentren der Name Gandhi eine andere Bedeutung hat. Viele Menschen in den Dörfern sehnen wieder einen moralisch aufrechten Anführer wie ihn herbei, der sich für sie und ihre Belange starkmacht und sich der Wahrheit verpflicht. Und der fest daran glaubt, dass jede seiner guten Taten früher oder später auch Früchte trägt.

So wurde bei den Wahlen in zwei indischen Bundesstaaten Anfang Januar 2012 der 30-jährige Provinzpolitiker Sham Lala, der sich »als Mann des Volkes« bezeichnet und »der die etablierten Politiker herausfordert, um gegen Korruption und Ungerechtigkeit zu kämpfen«, von den Leuten mit dem Namen »Gandhi« angesprochen.[55]

Kein Zweifel, Gandhi übte zu Lebzeiten eine große Faszination auf die Menschen aus. Mit seinen Visionen taugt er aber auch heute noch als Vorbild – und das nicht nur für Indien, sondern auch für die Länder der sogenannten »Dritten Welt«, in denen der Großteil der Bevölkerung ebenfalls unter traditionellen, rückständigen und konservativen Bedingungen lebt und unter Armut, Korruption und Ungerechtigkeit leidet.

✳

Gandhis Visionen enthalten aber auch für unseren Alltag in Europa eine wichtige Botschaft. Unser Leben ist das einer Medien- und Überflussgesellschaft, geprägt von den Kapitalmärkten und der Globalisierung. Gandhis Zivilisationskritik ist heute noch genauso aktuell wie damals. Sie stößt Fragen an, weckt Zweifel und macht uns bewusst, dass in Zeiten brutaler Kriege, rücksichtsloser Vertreibungen, ungezählter Flüchtlingsströme und zerstörender sozialer Spannungen, in denen nicht selten Finanzmärkte über unser Leben verfügen, die wirklichen Werte im Leben andere sind.

Tatsächlich begeistern sich inzwischen wieder immer mehr Menschen für eine Bescheidenheit, wie sie auch Gandhi lebte. In dem Bemühen, ihr eigenes Leben zum Positiven zu verändern, berufen sich die »Minimalisten, Downsizer, Simplifyer, Lifehacker, Organizer«[56], wie sie sich selber nennen, häufig sogar auf Gandhis Lehre, auch wenn sie ihrer freiwilligen Askese einen neuen, zeitgemäßen, natürlich anglizistischen Namen gegeben haben: LOVOS – lifestyle of voluntary simplicity.

Auch ihnen geht es – wie einst Gandhi – nicht darum, den modernen Errungenschaften wie Fernseher, Handy, iPod, PC, Internet und Sozialen Medien wie Facebook abzuschwören und ab sofort nur noch als Landwirte oder Tischler zu arbeiten. Selbst ein Mann wie Gandhi, der seine Enthaltsamkeit zweifellos übertrieben hat, war sich bewusst, dass unser Alltag auch noch nach anderen Berufen verlangt. Aber es geht um den Versuch, den Auswüchsen des modernen Fortschritts bewusster zu begegnen: dem Materialismus, der zu Gier, Neid, Zorn und Hass führt.

Oder wie es in der Bhagavadgita steht: *Wenn sich ein Mensch zu sehr dem Konsum hingebe, werde er gierig, aus seiner Gier werde Neid, aus Neid werde Zorn, aus Zorn werde Hass, und Hass*

verderbe seinen Charakter. Durch den verdorbenen Charakter blei-
be nichts mehr, was den Mensch noch liebenswert mache.

Die von Gandhi beschworenen Tugenden – Wahrheit, Bescheidenheit, Gewaltlosigkeit, Toleranz – können auch für unser Leben ein großer Gewinn sein.

Zeittafel

1869, 2. Oktober Mohandas Karamchand Gandhi wird in Porbandar geboren.

1882 Im Alter von dreizehn Jahren wird Gandhi mit der gleichaltrigen Kasturbai Nakanji verheiratet.

1887 Gandhi beginnt ein Jurastudium in Bhavnagar. Weil ihm das Lernen schwerfällt, gibt er nach einem Semester auf.

1888, April Gandhis erster Sohn Harilal wird geboren. Er konvertiert zum Islam, rekonvertiert nach Jahren wieder zum Hinduismus, wird nach Auseinandersetzungen von Gandhi enterbt und landet auf der Straße. Am 18. Juni 1948 stirbt er in Bombay an Tuberkulose.

1888, 4. September Gandhi beginnt ein Jurastudium in London. Die Kasten-Gemeinschaft erklärt ihn zum Ausgestoßenen.

1889 Enttäuscht vom oberflächlichen Lebenswandel der Engländer, liest Gandhi die Bhagavadgita, das Buch »Die Leuchte Asiens« und die Bibel. Er übt sich in Enthaltsamkeit und unternimmt Diätexperimente.

1891, 10. Juni Gandhi absolviert erfolgreich die Examensprüfung als Anwalt. Zwei Tage später reist er zurück nach Indien. Bei seiner Ankunft erfährt er vom Tod seiner Mutter.

1892 Ohne praktische Erfahrung bleibt Gandhi als Anwalt erfolglos. Mit Bittschriften und Anträgen an die Gerichtshöfe sichert er seiner Familie den Lebensunterhalt.

1892, 28. Oktober Gandhis zweiter Sohn Manilal wird geboren. Wie Gandhi ist er in der Unabhängigkeitsbewegung Indiens aktiv, wird mehrmals inhaftiert, arbeitet als Herausgeber einer Wochenzeitung in Südafrika, wo er am 5. April 1956 stirbt. Mit seiner Frau Sushila Mashruwala hat er zwei Töchter, Sita und Ela, sowie einen Sohn, Arun. Ela und Arun sind ebenfalls politisch aktiv.

1893, April Nachdem er sich für seinen Bruder einsetzt, wird Gandhi Opfer britischer Intrigen. Sein Ruf als Anwalt ist ruiniert. Deshalb folgt er dem Hilferuf eines befreundeten Unternehmers nach Südafrika.

1893, Juni Während der Bahnfahrt nach Pretoria erlebt Gandhi die Diskriminierung der Inder in Südafrika am eigenen Leib. Weil er sich weigert, die Erste Klasse zu verlassen, wird er aus dem Zug geworfen. Er muss in der kalten Bahnhofshalle übernachten.

1894 Gandhi schließt den Prozess für den befreundeten Unternehmer mit einem erfolgreichen Vergleich ab. Als den Indern in Südafrika das Wahlrecht aberkannt werden soll, beschließt er, nicht nach Indien zurückzukehren. Er gründet die Protestbewegung »Natal Indian Congress«.

1896 Gandhi reist nach Indien, um seine Frau und seine beiden Söhne abzuholen. Er schreibt das »Grüne Pamphlet«, mit dem er seine Landsleute auf die Situation der Inder in Südafrika aufmerksam machen möchte. Das Flugblatt verbreitet sich bis nach Südafrika. Dort werden die Gandhis von einer wütenden Menschenmenge erwartet.

1897, 7. Mai Gandhis dritter Sohn Ramdas wird geboren. Wie Gandhi ist er in der Unabhängigkeitsbewegung Indiens aktiv. Mit seiner Frau Nirmala hat er die Töchter Sumitra und Usha sowie den Sohn Kanu. Er stirbt am 14. April 1969 in Bombay.

1899 Während des Burenkrieges (1899–1902), in dem Großbritannien die Burenrepubliken Oranje und Transvaal unterwirft, gründet Gandhi ein indisches Ambulanzkorps zur Unterstützung der Briten.

1900, 22. Mai Gandhis vierter Sohn Devdas wird geboren. Gandhi hilft als Geburtshelfer. Als Journalist und Herausgeber der *Hindustan Times* setzt sich auch Devdas für die Unabhängigkeit Indiens ein. Er wird mehrfach inhaftiert. Mit seiner Ehefrau Lakshmi Rajagopalachari hat er vier Kinder: Rajmohan Gandhi, Gopalkrishna Gandhi, Ramchandra Gandhi und Tara Bhattacharya. Er stirbt am 3. August 1957 in Bombay.

Ende 1901 Für ihren Einsatz im Burenkrieg wird Gandhis Ambulanzkorps von den Briten gelobt und mit Medaillen ausgezeichnet. Gandhi ist optimistisch, dass die Unterdrückung der Inder in Südafrika endlich aufhört. Voller Hoffnung tritt er mit seiner Familie die Heimreise an.

1902 Zum ersten Mal nimmt Gandhi an einer Sitzung des Indischen Nationalkongresses teil. Er ist enttäuscht von dessen Trägheit. Er lässt sich als Anwalt in Bombay nieder. Kurze Zeit später muss er zurück nach Südafrika reisen.

1903 Die Diskriminierung der Inder in der ehemaligen Burenrepublik Transvaal hat sich verschärft. Als Anwalt in Johannesburg kämpft er für ihre Rechte.

1904 Gandhi gibt die Zeitschrift *Indian Opinion* heraus und gründet die Phoenix-Farm, auf der er ein einfaches, unabhängiges Leben anstrebt.

1906 Während des Zulu-Aufstandes gründet Gandhi erneut ein Ambulanzkorps. Die Brutalität der britischen Armee lässt ihn an seiner Loyalität zweifeln. Er legt das »Brahmacharya« ab, ein hinduistisches Keuschheitsgelübde. Seine ganze Aufmerksamkeit soll dem gewaltlosen Widerstand gelten. Er nennt ihn »Satyagraha«: »Wahrheit (satya) schließt Liebe ein, und Festigkeit (agraha) erzeugt Kraft

1908, 11. Januar Gandhi wird zu einer Gefängnisstrafe verurteilt.

1909 Gandhi reist nach London. Entsetzt von der Gewalt indischer Nationalisten, schreibt er während der Rückreise nach Südafrika sein Manifest »Hind Swaraj – Indische Selbstregierung«. Er fordert die Rückkehr zum traditionellen indischen Leben.

1910 Gandhi gründet die Tolstoi-Farm, wo er mit seinen Weggefährten traditionell, enthaltsam, unabhängig und in gegenseitiger Harmonie lebt.

1913, März Ein Gerichtsurteil erklärt alle nicht christlichen Ehen in Südafrika für ungültig. Gandhi organisiert einen Protestmarsch mit mehr als 13 000 Indern. Erneut wird er verhaftet.

1914, 30. Juni Unruhen zwingen die südafrikanische Regierung zum Einlenken. Sie verbessert die Situation der Inder. Gandhis Satyagraha endet erfolgreich.

1914 Während Gandhi nach England reist, bricht der Erste Weltkrieg aus. Erneut möchte er ein Ambulanzkorps zur Unterstützung der Briten zusammenstellen. Diesmal findet er keine Unterstützung bei seinen Landsleuten.

1915, Januar Gandhis unermüdlicher Einsatz hat seinen Körper geschwächt. Schwer krank kehrt er nach Indien zurück. Bei seiner Ankunft empfängt ihn der Philosoph Rabindranath Tagore mit »Mahatma« – Große Seele.

1916 Nach einjähriger Rundreise durch Indien gründet Gandhi seinen Satyagraha-Ashram, in dem er nach dem Vorbild der Tolstoi-Farm leben möchte. Zum Symbol eines unabhängigen Lebens wird ein altes Spinnrad.

1917, April Mit Satyagraha-Kampagnen setzt sich Gandhi für die Besserstellung indischer Bauern und Textilarbeiter ein. Zum ersten Mal fastet er zur Durchsetzung seiner Forderungen. Durch den Erfolg der Aktionen wächst seine Anhängerschaft.

1918 Nach Kriegsende wollen die Briten die Notstandsgesetze in Indien aufrechterhalten.

1919, 30. März Gandhi ruft zum landesweiten Hartal auf, einem gewaltlosen Streik. Stattdessen kommt es zu gewaltsamen Ausschreitungen. Die britische Armee geht militärisch gegen die Inder vor. Gandhi bezeichnet seinen Aufruf als »himalaja-hohen Irrtum« und erklärt die Satyagraha-Bewegung für beendet.

1919, Mai Gandhi übernimmt die Herausgeberschaft der Zeitungen *Young India* und *Navajivan,* die sein Sprachrohr im Kampf für die Unabhängigkeit Indiens werden.

1919, November Gandhi verbündet sich mit der muslimischen Khilafat-Bewegung. Im Gegenzug erhofft er sich die Unterstützung der Muslime im Kampf für die Unabhängigkeit Indiens.

1920, 1. August Die Montagu-Chelmsford-Reformen der Briten bringen nicht die versprochene Selbstbestimmung. Gandhi ruft zur landesweiten Kampagne der Nichtzusammenarbeit auf: Jegliche Zusammenarbeit mit den Briten soll eingestellt werden.

1920, September Mit überwältigender Mehrheit wird Gandhi zum neuen Führer des Indischen Nationalkongresses gewählt. 14 000 Abgeordnete, so viele wie noch nie, stimmen für die Kampagne der Nichtzusammenarbeit.

Anfang 1921 Gandhi geht wieder auf Reisen, um die indische Bevölkerung auf die Kampagne der Nichtzusammenarbeit einzuschwören. Im Juli haben 500 000 Inder ihre Arbeit niedergelegt. Die Briten reagieren mit Verhaftungen und Gefängnisstrafen.

1921, November Beim Besuch des britischen Kronprinzen kommt es zu Straßenschlachten zwischen Indern und der Polizei. Die Briten reagieren mit Massenverhaftungen. Gandhi ruft zum Boykott britischer Steuergesetze auf.

1922, 4. Februar Im Dorf Chauri Chaura kommt es zu blutigen Auseinandersetzungen. Weil er weitere Ausschreitungen befürchtet, erklärt er die Kampagne der Nichtzusammenarbeit für beendet.

1922, 10. März Ein Gericht verurteilt Gandhi wegen Hasses und Illoyalität zu sechs Jahren Gefängnis.

1924 Gandhi wird wegen akuter Blinddarmentzündung operiert und aus der Haft entlassen. Mitterweile sind die Auseinandersetzungen zwischen Hindus und Muslimen eskaliert. Gandhi verkündet ein dreiwöchiges Fasten. Trotzdem gehen die Kämpfe weiter.

1928 Gandhi hilft den Bauern in Bardoli gegen überzogene Steuererhöhungen. Sein Ansehen steigt wieder.

1928, Dezember Gandhi kann noch einmal Hindus und Muslime vereinen. Sie stellen den Briten ein Ultimatum, in dem sie die Unabhängigkeit Indiens fordern.

1930, 12. März Die Briten gehen nicht auf das Ultimatum ein. Gandhi ruft zur »Salz-Satyagraha« auf. Mit Tausenden Indern marschiert er 385 Kilometer bis zur Küste, wo er Salz vom Strand aufhebt. Millionen Inder folgen seinem Beispiel und brechen das britische Salzmonopol. Da die Briten nicht reagieren, verweigern die Inder jetzt auch die Zusammenarbeit.

1930, 4. Mai Gandhi wird verhaftet und ohne Gerichtsverfahren und Verurteilung eingesperrt. Das britische Militär schlägt die Unruhen blutig nieder. Inzwischen ist aber die internationale Presse auf die Ereignisse in Indien aufmerksam geworden. Die Briten stehen unter Druck.

1931, 12. September Nach seiner Haftentlassung sitzt Gandhi in London mit 100 Vertretern unterschiedlicher Bevölkerungsgruppen am Verhandlungstisch. Sie finden keinen Kompromiss. Die Einheit Indiens ist gefährdet.

1932, 3. Januar Nach seiner Rückkehr nach Indien wird Gandhi verhaftet, weil die britische Regierung mit aller Härte gegen Proteste, Demonstrationen und Streiks vorgeht.

1932, August Gandhi wehrt sich mit erneutem Fasten gegen den Zerfall Indiens. Seine Gesundheit verschlechtert sich. Die wichtigsten Führer des Landes schließen den »Yeravda-Pakt«.

1933 Der Yeravda-Pakt, der die Unberührbaren bevorteilt, findet wenig Unterstützung in der Hindu-Bevölkerung. Vergeblich bemüht sich Gandhi nach seiner Freilassung, die erhitzten Gemüter bei einer Rundreise zu schlichten.

1936 Enttäuscht zieht sich Gandhi in das entlegene Dorf Sevagram zurück, wo er einen neuen Ashram gründet. Hier kümmert er sich ausschließlich um die Bedürftigen, Bauern und Unberührbaren.

1939, 23. Juli Gandhi schreibt einen Appell an Hitler, in dem er den Diktator als »Lieber Freund« bezeichnet. Der Brief sorgt für Empörung unter seinen Anhängern.

1939, 3. September Nach Ausbruch des Zweiten Weltkriegs schließt sich der britische Vizekönig im Namen Indiens der britischen Kriegserklärung an Nazi-Deutschland an. Gandhi will die Briten moralisch unterstützen. Im Indischen Nationalkongress findet er nur wenig Unterstützung.

1941, 7. Dezember Japan greift die US-Streitkräfte in Pearl Harbor an und erobert Nachbarländer Indiens.

1942, August Der Indische Nationalkongress kann sich auf kein gemeinsames Vorgehen zur Unterstützung der Briten einigen. Gandhi schlägt die »Quit-India«-Kampagne vor. Noch ehe sie beginnen kann, wird er verhaftet.

1943, Februar Gandhis Ehefrau Kasturbai stirbt im Gefängnis.

1944, Mai Gandhi wird aus der Haft entlassen. Obwohl er kaum noch Einfluss hat, wird er an den Verhandlungen zur Unabhängigkeit Indiens beteiligt. Die Muslimliga fordert einen eigenen Staat. Gandhi weigert sich.

1945, 16. August Der »Tag unmittelbaren Handelns«, zu dem die Muslimliga aufruft, endet in einem Blutbad. Landesweit bekämpfen sich Hindus und Muslime.

1947, März Die Briten sind vom Krieg geschwächt und kaum in der Lage, die Unruhen in Indien zu kontrollieren. Sie rufen alle wichtigen Führer Indiens an einen Tisch. Gandhi sieht keine Chance mehr, die Teilung seines Landes zu verhindern.

1947, August Der britische Premierminister verkündet die Unabhängigkeit der beiden Staaten Indien und Pakistan.

1948 Die Teilung des Landes in das mehrheitlich hinduistische Indien und das mehrheitlich muslimische Pakistan führt zu Massenvertreibung und -flucht. Gandhi reist durch die Provinzen, um die Gewalt zu beenden.

1948, 20. Januar Zwei Tage nachdem Gandhi ein neuerliches Fasten für den Frieden beendet hat, explodiert während eines Gebetstreffens in Neu-Dehli eine Bombe.

1948, 30. Januar Auf einem weiteren Gebetstreffen wird Gandhi von einem Hindu-Fanatiker erschossen.

Glossar

All India Spinners' Association Von Gandhi gegründete Gesellschaft, die die Tradition des Handspinnens weiterverbreiten soll.

All-India Village Industries Von Gandhi gegründete Gesellschaft, mit der er die Reform des Dorflebens anstrebt.

Ashram Dt.: *Ort der Anstrengung.* Klosterähnliches Meditationszentrum.

Bapu Dt.: *Vater.* Bezeichnung Gandhis durch seine Anhänger.

Bardoli Eine Region in Gandhis Heimatbezirk Gujarat.

Bengalen Region im Osten Indiens.

Bhagavadgita Dt.: *Gesang des Erhabenen.* Spirituelles Gedicht. Eine zentrale Schrift des Hinduismus.

Bhavnagar Eine Stadt in Gandhis Heimatbezirk Gujarat.

Brahmacharya Dt.: *Das Wesentliche.* Hinduistisches Keuschheitsgelübde.

Brahmane Angehöriger der ersten, obersten Hindu-Kaste: Priester, Richter.

Buddhismus Indische Religionsform. Mit 0,8 Prozent eine der kleinsten Glaubens- und Bevölkerungsgruppen Indiens.

Buren Dt.: *Bauern.* Andere Bezeichnung für die Nachfahren der niederländischen Kolonialherren in Südafrika.

Callicuts Frühere Bezeichnung für die indische Hafenstadt Kalkutta.

Chaturmas Dt.: *Vier Monate.* Hinduistisches Fastengelübde zur viermonatigen Regenzeit.

Dalit Siehe Unberührbare.

Dhoti Traditionelles indisches Beinkleid für Männer, das aus einem langen Stück Stoff geschlungen wird.

Durban Hauptstadt der südafrikanischen Region Natal.

Gujarat Gandhis Heimatbezirk, in dem sein Geburtsort Pojandar liegt.

Gujarati Muttersprache Gandhis, die in seinem Heimatdistrikt Gujarat gesprochen wird.

Harijans Dt.: *Kinder Gottes*. Gandhis Bezeichnung für die Unberührbaren.

Harijans Sevak Sangh Von Gandhi gegründete Gesellschaft zur Unterstützung der Unberührbaren.

Hartal Dt.: *Streik*. Tag der Trauer.

Hindi Nationalsprache Indiens, die von etwa 50 Prozent aller Inder gesprochen wird.

Hind Swaraj Dt.: *Indische Selbstregierung*. Von Gandhi verfasstes Buch, in dem er die Rückkehr zum traditionellen Leben beschreibt, das zur Unabhängigkeit Indiens führt.

Hindu Oder auch: Hinduist. Anhänger der Religionsform Hinduismus.

Hinduismus Indische Religionsform. Mit 80 Prozent die größte Glaubens- und Bevölkerungsgruppe Indiens.

Hindu Mahasabha Vereinigung indischer Hindus, die sich als politische Gegenkraft zu den indischen Muslimen verstehen.

Home Rule League Von Annie Besant gegründete Versammlung liberaler Politiker, die eine Unabhängigkeit Indiens in Loyalität zu den Briten anstrebt.

Indischer Nationalkongress 1885 von Hindus und Muslimen gegründete Partei, die politische Mitspracherechte für die einheimische Bevölkerung fordert.

Islam Religionsform. Die Anhänger werden Muslime genannt.

Mit 14 Prozent die zweitgrößte Glaubens- und Bevölkerungsgruppe Indiens.

Jaina Anhänger der Religionsform Jainismus.

Jainismus Religionsform, auch Jinismus genannt. Die Anhänger werden Jainas oder Jinas genannt. Mit 0,4 Prozent eine kleine Glaubens- und Bevölkerungsgruppe Indiens.

Johannesburg Großstadt in der afrikanischen Burenrepublik Transvaal.

Kalkutta Heute siebtgrößte Stadt im äußersten Osten Indiens.

Karma Dt.: *Wirken, Tat.* Der Glaube daran, dass jede Tat, die ein Mensch vollbringt, eine gute oder schlechte Wirkung auf ihn hat, nicht unbedingt in seinem jetzigen Leben, sondern auch in einem wiedergeborenen Leben.

Kastenlose Hindus, die keiner Kaste angehören. Da sie unreine Arbeiten erledigen, werden sie auch Unberührbare genannt.

Kathiawar Halbinsel im Nordwesten Indiens.

Khadi Dt.: *Baumwolle.* Handgesponnene Kleidung aus Swadeshi (heimischer Produktion).

Khilafat-Bewegung Vereinigung indischer Muslime, die gegen die Auflösung des Osmanischen Reiches ist und den Kalifen vor seiner Entmachtung retten will.

Kontraktarbeiter Inder, denen die britischen Kolonialherren die Einwanderung nach Südafrika erlauben, um dort auf Zuckerrohrplantagen zu arbeiten. Nach Ablauf des meist mehrjährigen Arbeitsvertrags ist vorgesehen, dass die Arbeiter nach Indien zurückkehren, doch viele bleiben, weil sie sich in Südafrika niedergelassen haben.

Kshatriyas Dt.: *Krieger.* Angehörige der zweiten Hindu-Kaste: Soldaten, Premierminister, Fürsten.

Kuli Dt.: *Lastträger.* Tagelöhner und Bedienstete.

Maharaja Dt.: *Großer Fürst, Großer König.* Indischer Fürst, der über einen meist kleinen, unbedeutenden Stadtstaat herrscht, der für die britischen Kolonialherren keine wertvollen Güter hergibt. Über ganz Indien verteilt existieren mehr als 500 solcher Fürstenstaaten.

Maharni Dt.: *Große Fürstin, Große Königin.* Weibliche Form des Maharaja.

Mahatma Dt.: *Große Seele.* Ehrenname, den Gandhi vom indischen Philosophen und Literaturnobelpreisträger Rabindranath Tagore verliehen bekommt.

Mogul Dt.: *Mongole* (ursprünglich), *Herrscher* (später). Bezeichnung für den Herrscher über das muslimische Mogulreich, das von Mitte des 16. Jahrhunderts bis ins 19. Jahrhundert den Großteil Indiens umfasste.

Muslim Anhänger des Islam. Mit 14 Prozent die zweitgrößte Glaubens- und Bevölkerungsgruppe Indiens.

Muslimliga 1906 gegründete Partei der Muslime in Indien.

Natal Region in Südafrika, unter britischer Verwaltung.

Neu-Delhi Großstadt im Norden Indiens.

Okkultismus Dt.: *verborgen, geheim.* Die Beschäftigung mit esoterischen, mystischen, übersinnlichen, paranormalen Praktiken und Phänomenen.

Oranje-Freistaat Afrikanische Republik unter Verwaltung der Buren, der Nachfahren der niederländischen Kolonialherren Südafrikas.

Paria Siehe Unberührbare.

Parsen Dt.: *Perser.* Anhänger des Zoroastrismus. Mit weniger als 0,5 Prozent eine Minderheit unter den Glaubens- und Bevölkerungsgruppen Indiens.

Paschtunen Dt.: *Afghane.* Bevölkerungsgruppe, die heute größtenteils in Pakistan und Afghanistan lebt.

Pfund Britische Währung. 1 Pfund ist etwa 1,50 Euro.

Porbandar Geburtsort Gandhis. Küstenstadt im Distrikt Gujarat im Nordwesten Indiens. Ein Denkmal erinnert dort an Gandhis Geburtsort.

Pretoria Stadt in der Burenrepublik Transvaal.

Punjab Ehemalige Provinz Indiens, heute indischer Bundesstaat.

Rajkot Stadt auf der Halbinsel Kathiawar im Nordwesten Indiens.

Rupie Indische Währung. 1 Rupie (INR) ist etwa 0,01 Euro.

Sari Traditionelles indisches Kleidungsstück für Frauen, das aus einem langen Stück Stoff geschlungen wird.

Satyagraha Satya, dt.: *Wahrheit* bzw. *Liebe*; Agraha, dt.: *Festhalten* bzw. *Kraft*. Nach Gandhi die Kraft, die aus der Wahrheit, Liebe, Gewaltlosigkeit entsteht; Bezeichnung für den gewaltfreien Widerstand.

Satyagrahis Anhänger der Satyagraha.

Sepoy Dt.: *Soldat*. Inder, die als Soldaten für die Britische Ostindienkompanie ausgebildet werden.

Servants of India Society Vereinigung liberaler, einflussreicher Inder.

Seth Das Oberhaupt der Kasten-Gemeinschaft.

Shudras Angehörige der untersten Hindu-Kaste: Bedienstete, Diener, Tagelöhner.

Sikh Anhänger des Sikhismus.

Sikhismus Indische Religionsform. Mit 0,8 Prozent eine Minderheit unter den Glaubens- und Bevölkerungsgruppen Indiens.

Swadeshi Dt.: *Heimische Produktion*. Ausschließliche Verwendung heimischer Produkte.

Theosophie Dt.: *Göttliche Weisheit*. 1) Sammelbezeichnung für Denkansätze, in denen sich Philosophie, Religion und Mystik mischen. 2) Geheimlehre der Okkultistin Helena Petrovna Blavatsky, die anhand indischer Religiösität und Spiritualität einen gemeinsamen Kern in allen Religionen sucht.

Transvaal Afrikanische Republik unter Verwaltung der Buren, der Nachfahren der niederländischen Kolonialherren Südafrikas.

Unberührbare/Dalit/Paria Bezeichnungen für Hindus, die keiner Kaste angehören. Da sie unreine Arbeiten erledigen, werden sie Unberührbare genannt.

Vaishyas Angehörige der dritten Hindu-Kaste: Handwerker, Kaufleute, Farmer.

Vasco da Gama Portugiesischer Seefahrer, der nach zwölf Monaten Schiffsreise am 20. Mai 1498 als erster Europäer den Seeweg nach Indien entdeckte.

Vishnuismus Indische Religionsform. Neben Shivaismus und Shaktismus eine der wichtigsten Richtungen des Hinduismus, der eine strenge Frömmigkeit abverlangt. Vishnu wird als höchster Gott betrachtet, aus dem alle anderen Götter hervorgehen und dem sie untergeordnet sind.

Zoroastrismus Religionsform, deren Anhänger Parsen genannt werden. Mit weniger als 0,5 Prozent eine Minderheit unter den Glaubens- und Bevölkerungsgruppen Indiens.

₿ibliografie

Bücher von und über Gandhi

Perry Anderson: Die indische Ideologie. Essays. Aus dem Englischen von Joachim Kalka. Berenberg, Berlin 2014

C. F. Andrews (Hg.): Mahatma Gandhi, Mein Leben. Aus dem Englischen von Hans Reisiger. Suhrkamp Taschenbuch, Frankfurt am Main 1983

Susmita Arp: Gandhi. Rowohlt Taschenbuch Verlag, Reinbek bei Hamburg 2007

Louis Fischer: Das Leben des Mahatma Gandhi. Deutsch von Georg Goyert. Büchergilde Gutenberg, Frankfurt am Main 1953

Mahatma Gandhi. Wer den Weg der Wahrheit geht, stolpert nicht. Verlag Neue Stadt, München 2002

M. K. Gandhi: Ausgewählte Werke in 5 Bänden, hg. von Shriman Narayan, bearbeitet von Wolfgang Sternstein. Aus dem Englischen von Brigitte Luchesi und Wolfgang Sternstein. Wallstein Verlag, Göttingen 2011 Bd. 1: Eine Autobiographie oder Die Geschichte meiner Experimente mit der Wahrheit; Bd. 2: Satyagraha in Südafrika; Bd. 3: Grundlegende Schriften; Bd. 4: Die Stimme der Wahrheit; Bd. 5: Ausgewählte Briefe

Sigrid Grabner: Mahatma Gandhi. Politiker, Pilger und Prophet. Evangelische Verlagsanstalt, Leipzig 2002

Albrecht Hagemann: Mahatma Gandhi. Deutscher Taschenbuch Verlag München 2008

Volker Lange: Mahatma Gandhi. Der gewaltlose Rebell. Deutscher Taschenbuch Verlag, München 1990

Anand Nayak: Mathama Gandhi. Meister der Spiritualität. Herder Verlag Freiburg i. Br. 2002

Heimo Rau: Mahatma Gandhi. Rowohlt Taschenbuch Verlag, Reinbek bei Hamburg 1998

Henrike Rick: Mahatma Gandhi. Mein Glaube ist Gewaltlosigkeit. Patmos Verlag, Düsseldorf 2009

Dietmar Rothermund: Mahatma Gandhi. Verlag C. H. Beck, München 2003

John Ruskin: Unto this Last. Westermann Verlag, Braunschweig, Berlin 1937

Gertrude & Thomas Sartory (Hg.): Denken mit Mahatma Gandhi. Diogenes Verlag, Zürich 2002

Leo Tolstoi: Das Reich Gottes ist in Euch. Alibri Verlag, Aschaffenburg 2013

Internet – Websites

www.gandhi-manibhavan.org: Informative Website, die vom Museum Mani Bhavan betrieben wird. Das ist der Name des Herrenhauses, das Jagjeevan Jhaveri gehörte, Gandhis Freund und Gastgeber in Mumbai.

www.mkgandhi.org: Gemeinsame Website des Gandhi Book Centre in Bombay sowie der Gandhi Research Foundation.

www.gandhiserve.org: Umfangreiches Text-, Ton-, Bild- und Videoarchiv der Gandhi-Serve-Stiftung.

Internet – Videos

http://www.youtube.com/watch?v=dpjBWw5w444: Gandhis erstes Fernsehinterview, 1931.

http://www.youtube.com/watch?v=_SakitCoNYc: Gandhis Rede, aufgenommen in der Kings Hall in London, 1931.

http://www.youtube.com/watch?v=WSSd7Vqv7hE: Britische Dokumentation von Gandhis Besuch in London.

http://www.youtube.com/watch?v=WDc17zJX0Vc.

http://www.youtube.com/watch?v=7AIxdPAHPq4.

http://www.youtube.com/watch?v=5q2LU33hPUE: Mahatma Gandhi: Die große Seele Indiens: Dreiteilige Dokumentation über das Leben Gandhis.

Zitat- und Abbildungsnachweis

Zitatnachweis

Prolog: Mut, der die Angst bezwingt
1. Stern, 2. Februar 2012. S. 21.

Kapitel 1: Wahrheit, Sex und das erste Gelübte
2. Weiterführende Informationen zum indischen Kastensystem:
   Bettina Kuß: Das Kastensystem im Hinduismus. Grin Verlag, München 2006;
   Jean Antoine Dubois: Leben und Riten der Inder. Kastenwesen und Hindu-
   glaube in Indien um 1800, übers. und hrsg. von Thomas Kohl. Reise Know-
   How, Bielefeld 2002; Louis M. Dumont: Gesellschaft in Indien. Die Soziologie
   des Kastenwesens. Europaverlag, Wien 1976.
3. M.K. Gandhi: Ausgewählte Werke in 5 Bänden, hg. von Shriman Narayan, bearbeitet von Wolfgang Sternstein. Aus dem Englischen von Brigitte Luchesi
   und Wolfgang Sternstein. Wallstein Verlag, Göttingen 2011. Aus: Eine Autobiographie oder Die Geschichte meiner Experimente mit der Wahrheit. Wallstein Verlag, Göttingen 2011, Bd. 1, S. 25.

Kapitel 2: Die Bhagavadgita, die zur Enthaltsamkeit führt
4. M.K. Gandhi: Eine Autobiographie, Göttingen 2011, a.a.O., S. 75.
5. Susmita Arp: Gandhi. Rowohlt Taschenbuch Verlag, Reinbek bei Hamburg
   2007, S. 27.
6. Edwin Arnold: Die Leuchte Asiens (E-Book-Ausgabe). Deutsch von Konrad
   Wernicke. Phänomen Verlag, Hamburg 2012.
7. Die Bibel nach Luther – Altes und Neues Testament, Mt 5, 39 (E-Book-Ausgabe). Null Papier Verlag, Düsseldorf 2012.

Kapitel 4: Feigheit oder Mut?
8. Jan Ross: Gandhis vergiftetes Erbe. Interview mit Arundhati Roy, in: Die Zeit,
   17. Oktober 2014.
9. Perry Anderson, in: Sabina Matthay: Der Preis der »indischen Ideologie«, auf:
   http://www.deutschlandfunk.de/kritik-an-gandhi-der-preis-der-indischen-
   ideologie.1310.de.html?dram:article_id=281062, 24.3.2014.

10. M.K. Gandhi: Eine Autobiographie, Göttingen 2011, a.a.O., S.155f.
11. Ebenda
12. Peter Brang: Ein unbekanntes Russland. Kulturgeschichte vegetarischer Lebensweisen von den Anfängen bis zur Gegenwart. Böhlau Verlag, Köln 2002, S.90.

Kapitel 6: Das Leben der einfachen Menschen
13. M.K. Gandhi: Eine Autobiographie, Göttingen 2011, a.a.O., S.328.
14. M.K. Gandhi: Indian Home Rule, 1910, Collected Works of Mahatma Gandhi, Bd. 10. Publications Division Government of India, New Delhi 1999, S.52.
15. Zitiert nach Sigrid Grabner: Mahatma Gandhi. Politiker, Pilger und Prophet. Evangelische Verlagsanstalt, Leipzig 2002, S.104.
16. M.K. Gandhi: Indian Home Rule, 1910, Bd. 10, S.24.
17. M.K. Gandhi: Satyagraha in Südafrika, Göttingen 2011, a.a.O., S.125.
18. M.K. Gandhi: Eine Autobiographie, Göttingen 2011, a.a.O., S.155.
19. Zitiert nach Volker Lange: Mahatma Gandhi. Der gewaltlose Rebell. Deutscher Taschenbuchverlag, München 1990, S.85.
20. M.K. Gandhi: Indian Home Rule, 1910, Bd.10, S.24.
21. M.K. Gandhi: Ausgewählte Briefe, Göttingen 2011, a.a.O., S.26.
22. M.K. Gandhi: Indian Home Rule, 1910, Bd.10, S.20.
23. M.K. Gandhi: Eine Autobiographie, Göttingen 2011, a.a.O., S.328.
24. Ebenda, S.226.
25. Zitiert nach Louis Fischer: Das Leben des Mahatma Gandhi. Büchergilde Gutenberg, Frankfurt am Main 1953, S.188.
26. M.K. Gandhi: Indian Home Rule, 1910, Bd.10, S.24.

Kapitel 7: Die große Seele kehrt zurück
27. Angelika Franz: Der eitle Asket, in: Die Zeit, 24. Februar 2005.
28. Sunil Khilnani: Mahatma Gandhi. Über ein Leben als Pilgerfahrt, auf der jede Handlung Bedeutung hatte. In: Lettre, Herbst 2010, S.102.
29. Susmita Arp: Gandhi. Reinbek bei Hamburg 2007, S.39.
30. Zitiert nach Louis Fischer: Gandhi, Frankfurt am Main 1953, S.137.
31. Angelika Franz: Der eitle Asket, in: Die Zeit, 24. Februar 2005.
32. M.K. Gandhi: Eine Autobiographie, Göttingen 2011, a.a.O., S.155.
33. M.K. Gandhi: Indian Home Rule, 1910, Bd. 10, S.24.
34. Ebenda, S.52.

Kapitel 8: So viele Tote wie möglich
35. Zitiert nach Louis Fischer: Gandhi, Frankfurt am Main 1953, S.188.
36. Young India, 12. Mai 1920, in: Gandhi: Indian Home Rule, 1910, Bd.17, S.406.

Kapitel 9: Der Wunsch nach Klarheit
37. Young India, 9. Mai, 1929.
38. Zitiert nach Louis Fischer: Gandhi, Frankfurt am Main 1953, S.285.

39. Ebenda, S. 295.
40. Zitiert nach Judith Brown: Gandhi, Prisoner of Hope. Yale University Press, New Haven 1989, S. 262.
41. Einstein an Gandhi, 29. Oktober 1932. The Hebrew University of Jerusalem, Gandhi Serve Foundation.

Kapitel 10: Der Traum vom Dorf

42. Harijan, 26.8.1936.
43. Zitiert nach Susmita Arp: Gandhi. Reinbek bei Hamburg 2007, S. 112.
44. Martin Buber und J. L. Magnes: Zwei Briefe an Gandhi, Jerusalem, April 1939. In: Shimon Lev: Hitlers steinerndes Herz zum Schmelzen bringen. Gandhis Haltung zum Holocaust: http://www.suedasienbuero.de/index.php/archiv/506-3-2013.
45. M. K. Gandhi: Ausgewählte Briefe, Göttingen 2011, a. a. O.
46. Grabner: Gandhi, Leipzig 2002, S. 248.
47. M. K. Gandhi: Eine Autobiographie, Göttingen 2011, a. a. O., S. 155.
48. M. K. Gandhi: Indian Home Rule, 1910, Bd. 10, S. 52.
49. Zitiert nach Albrecht Hagemann: Mahatma Gandhi. Deutscher Taschenbuchverlag, München 2008, S. 151.

Kapitel 11: Der Albtraum von Unabhängigkeit

50. Zitiert nach Louis Fischer: Gandhi, Frankfurt am Main 1953, S. 188.
51. Rede auf einem Gebetstreffen am 1.4.1947, in: Collected Works of Mahatma Gandhi, Bd. 87. Publications Division Government of India, New Delhi 1999, S. 187.

Epilog: Das Licht ist gegangen

52. Zitiert nach Homer A. Jack: The Gandhi Reader. Indiana University Press, Bloomington 1956, S. 488.
53. Sunil Khilnani: Mahatma Gandhi. In: Lettre, Herbst 2010, S. 100ff.
54. Angelika Franz: Der eitle Asket, in: Die Zeit, 24. Februar 2005.
55. Stern, 2. Februar 2012. S. 21.
56. Eva Tenzer: Konzentration auf das Wesentliche in: Psychologie Heute Compact, Heft 42, 2015, S. 15.

Zitate aus englischsprachigen Quellen hat der Autor selbst übersetzt

Fotonachweis

Seite 2, 22, 86, 89, 109, 195 © akg-images/Archiv Peter Rühe; S. 160, 170 © akg-images/TT News Agency; Titelbild, Seite 137 © akg-images

Einfach verdammt gute Musik

Marcel Feige

»I don't have a gun«

Die Lebensgeschichte des Kurt Cobain

Gebunden mit Schutzumschlag, 224 Seiten
Mit Fotos
Beltz & Gelberg (81087)
Gulliver (74470)

Kurt Cobain (1967–1994) war mit seiner Band Nirvana einer der einflussreichsten Musiker seiner Zeit. Ein sensibler, zorniger Mensch und ein genialer Musiker, der – wie Jim Morrison und Janis Joplin – im magischen Alter von 27 Jahren an seinen Träumen zerbrach. Eine zutiefst radikale Lebensgeschichte.

»Cobains tragische Lebensgeschichte wird in dieser Biographie ohne Voyeurismus und Allgemeinplätze erzählt. Das Buch zeichnet sich vor allem aber auch durch Feiges gute Kenntnis der musikalischen Einflüsse rund um die Entstehung von Nirvana aus.« *dpa*

www.beltz.de

Die Ikone der Pop-Art

Maren Gottschalk

Factory Man
Die Lebensgeschichte des Andy Warhol

Gebunden mit Schutzumschlag, 264 Seiten
Mit farbigen Abbildungen
Beltz & Gelberg (81207)
E-Book (74611)

Drei Sehnsüchte trieben Andy Warhol (1928-1987), der vom armen
Einwanderersohn zum talentierten Zeichner und exzentrischen
Millionär wurde an: Er wollte schön, reich und berühmt sein. Mit
seinen Werken und Ideen schuf er eine neue Form von Kunst und
wurde zum Vordenker von Starkult und Selbstvermarktung. Bis
heute ist sein Werk inspirierend für jede neue Generation.

»Ein sehr lebendiges und vielseitiges Bild von Andy Warhol – als
Kind seiner und Vater unserer Zeit.« *DIE ZEIT*

»Farbig erzählt und bestens eingebettet in die wichtigsten Ereignisse
der amerikanischen Zeit- und Kulturgeschichte.« *Birgit Franz, eselsohr*

www.beltz.de **BELTZ &Gelberg**

Triumph der Lüge

Alois Prinz

Der Brandstifter

Die Lebensgeschichte des Joseph Goebbels

Gebunden mit Schutzumschlag, 320 Seiten
Mit Fotos
Beltz & Gelberg (81098)

Er war der geistige Wegbereiter des Nationalsozialismus. Sein Name gilt als Inbegriff des skrupellosen Demagogen und der Massenmanipulation: Wie Joseph Goebbels zum »Brandstifter« wurde, zeichnet Alois Prinz in seiner eindringlichen Biografie nach. Ein tiefer Blick in die Abgründe des ideologischen Wahns.

»Prinz erzählt spannend und nuancenreich – die besondere Qualität des Textes liegt aber in seinen differenzierten Reflexionen, wie die Biografie eines solchen Menschen überhaupt geschrieben werden kann.« *Die Furche*

»Eine messerscharfe und spannende Analyse einer aufkeimenden Massenbewegung mit verheerenden Folgen.« *St. Galler Tagblatt*

www.beltz.de

Rebell und Tyrann

Charlotte Kerner

Rote Sonne, roter Tiger

Rebell und Tyrann
Die Lebensgeschichte des
Mao Zedong

Gebunden mit Schutzumschlag, 313 Seiten
Mit Fotos
Beltz & Gelberg (81196)
E-Book (74547)

Als Revolutionär und Herrscher schuf und prägte Mao Zedong
(1893 – 1976) das moderne China. Als »rote Sonne« besungen, als
»roter Tiger« gefürchtet, war Mao sehr widersprüchlich, zugleich fas-
zinierte er die Menschen bis heute. Charlotte Kerner schildert seinen
langen Weg zur Macht - vom Kaiserreich bis zu den Schrecken der
Kulturrevolution – und die Geschichte eines eindrucksvollen Landes,
in dem Mao immer noch Schatten wirft.

»Kerner zeichnet ein differenziertes Bild und vergisst neben den
Reformen nicht, die Gräueltaten zu erwähnen (…) Das Buch hat
Vieles zu erzählen.« *eselsohr*

www.beltz.de